KB274551

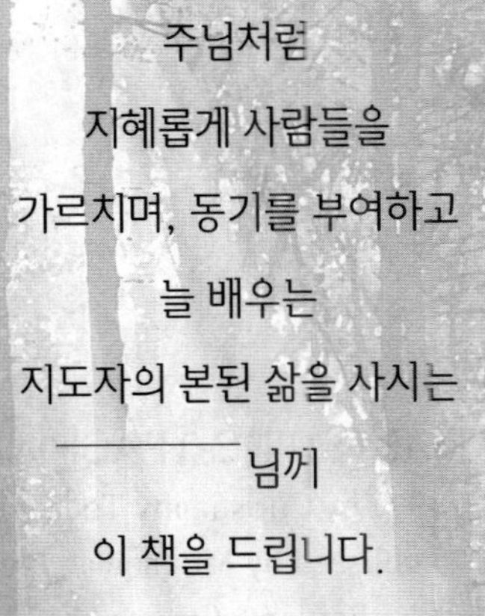

"

주님처럼

지혜롭게 사람들을

가르치며, 동기를 부여하고

늘 배우는

지도자의 본된 삶을 사시는

─────── 님께

이 책을 드립니다.

"

동기를 부여하는 교회교육

MASTERING
TEACHING

Roberta Hestenes
Howard Hendricks
Earl Palmer

동기를 부여하는 교회교육

로베르터 헤스턴즈

하워드 헨드릭스 공저

얼 팔머

이상일 옮김

도서출판 신교횃불

목 차

3부 / 보다 장기적인 계획

머리말

그 교회의 친교실에 있던 안락의자와 소파를 꺼내 와 앉아서, 유형과 시기에 대해 서로 엇갈리는 대립을 보이던 내 앞에 앉아 있던 열두 명의 교회학교 교사들에게서 최선의 해결책들을 끌어내었을 때, 손을 얹고 있던 나의 얼굴은 아직 흥분이 가시지 않았다. 나에게 있어 처음이었던 교회 사역에서, 나는 아주 전형적인 문제들에 대해서 이제 막 관심을 가지기 시작했다. 그것은 바로 교회학교가 출석이 저조해지고 사기가 저하되어, 교사들이 이제 무엇을 해야 할지에 대한 비전마저도 잃어버리게 된 것이었다.

이상 없음 : 하지만 그들에게 있어서 무엇이 문제인지를 알게 되었고, 첫 번 교사 수련회 기간에 영감어린 가르침으로 그것을 말하려고 했다. 그래서 그날 나는 점점 더 흥분이 되었다.

"문제는 당신들이 **무엇을** 가르치느냐 하는 것이 아니라, **누가** 영향을 끼치도록 가르치느냐 하는 것입니다!"

"사랑은 가르쳐야 하는 것이 아니라, 끌리게 하는 것입니다!"

"가르친다는 것은 예수님의 지상 명령(Great Commission)과 주된 연장선상에 있는 것입니다!"

그리고 마지막으로 말하기를,

"이 지극히 작은 자들에게 신앙을 심어주어서, 그들이 또한 제자로 성숙하여 신앙의 바통을 다음 세대에 전할 수 있도록 하는, 이처럼 거룩한 사역을 주님께서는 우리에게 믿고 맡기셨는데, 이제 우리 자신을 새롭게 함으로 헌신합시다!"

그들의 얼굴에 경외하는 빛이 일어나는 것을 보았다. 침묵이 흘렀다. 내가 상상하기로는, 한 자매가 얼마나 감동을 받았는지를 증명이라도 하는 듯이, 손을 번쩍 들었다.

"마크 목사님!"

"네, 낸시 선생님."

나는 몸을 앞 쪽으로 기울이며 대답했다.

"저는 일학년 학생들과 이학년생들을 위한 정말 기발하다고 생각되는 것들을 실제로 사용할 수 있었습니다."

나는 낸시 선생님의 질문을 이해하려고 애쓰면서, 유심히 쳐다보았다. 또 다른 사람이 느닷없이 손을 번쩍 들고는 말했다. "그리고 대신할 사람을 찾는 일에는 누가 책임이 있습니까, 선생님입니까, 주일학교 부장 선생님입니까? 작년에는..."

"자, 잠깐만," 부장 선생님이 가로막았다 "마크 목사님, 제가 부장이 되는 것을 승락했을 때, 목사님께서는 저에게 대신할 사람을 찾아야 할 것이라고 말씀하시지 않으셨습니다."

그때부터 대화는 영혼의 예정 문제로부터 시작하여 창고에 있는 색 분필의 위치에 이르기까지 급속히 내리닫기 시작했다.

나에게 최초의 기회였던, 그 교회에서의 가르치는 목회에 대한 개관은 이쯤 해 두기로 하겠다. 학생들을 가르치는 것이든 교사들을 훈련시키는 것이든 간에, 목회에 있어서 가르치는 것보다도 더 중요한 것은 거의 없을 것이다. 그 일이 바로 지상(至上) 명령의 중심에 있다는 것은 결코 과장이 아니다 : "그러므로 너희는 가서 모든 족속으로 제자를 삼아...가르쳐 지키게 하라."

그러나 때때로 다른 사람들에게 감화를 불러일으키려고 가르쳤는데, 단지 하품만 불러일으킬 따름이고, 영원한 것에 대하여 이야기하는 것이 세속적인 토론으로 떨어져 버리고는 한다. 그리고는 어느 주일 오후엔가, 아무도 오지 않은 성경 공부 시간에 홀로 앉아서, 내가 하고 있는 이 모든 것들이 우리 매일의 생활에 과연 영향을 미치고 있을까? 하고 생각하기도 한다.

우리는 위에서 말한 것들을 받아들일 수 없다. 왜냐하면 하나님의 말씀은 반드시 우리를 통하여(through us) 그리고 우리들임에도 불구하고(in spite of us) 어떠한 것들을 성취해 내기 때문이다. 대체적으로는 가르치는 것이 잘 진행되고 있으며, 사람들은 도움을 받는 것처럼, 때때로는 감동을 받는 것처럼 보이기도 한다. 하지만 우리는 한 학급을 떠날 때에야 비로소 '이러저러한 것들을 더 잘 할 수 있었을 텐데' 하고 느낀다. 그러면 또 다른 도전이 늘 우리의 주의를 끌기 위해 기다리고 있다

목회 마스터 시리즈 중, 이 책을 쓴 세 명의 저자들은 이러한 것들과 가르침에 대한 다른 여러 가지 도전들에 대해서 알고 있다. 더욱

더 잘된 것은, 그들 각자가 그 문제들에 직면하여, 성공적으로 그것들을 잘 극복했다는 것이다.

하워드 헨드릭스(Howard Hendricks)

"우리는 가르치라는 명령을 받았습니다. 교회에 선택의 자유가 있는 것이 아닙니다. 그것은 본질적인 것입니다. 싫다고 하지 않아도 되는 것이 아닙니다. 그것은 필수적인 것입니다. 교회가 교육하기를 중단한다면, 그것은 바로 존재하기를 그치는 것입니다."

어느 따스한 가을날 오후, 햇빛이 잘 들어오는 달라스신학교(Dallas seminary) 교수 연구실에서 하워드 헨드릭스와 함께 있게 되었다. 그는 낡은 코트를 입고 있었고, 웃소매 자락은 걷어 올린 채 있었다. 그는 자신이 가지고 있는 열정에 대해서 이렇게 말했다.

"저는 가르치는 것이 저의 은사임을 오래 전에 발견했습니다. 그래서 총장이나 학장이나 다른 어떤 것을 시키려고 하는 유혹으로부터 저를 지키기 위해 평생을 싸워 왔을 정도입니다. 만약에 당신들이 교실 밖으로 저를 들어낸다면, 저는 존재해야 할 이유를 잃어버리게 될 것입니다 "

그것이 바로 헨드릭스였다. 그는 솔직하고 정직하며 가르치는 일에 헌신적이었다.

하지만 적어도 헌신하는 부분에 있어서는, 그도 항상 그렇지는 않았다. 원래 그는 외과 의사가 되기를 원했다. 그래서 일루노이(illinois) 주의 에반스톤(Evanston)에 있는 노스웨스턴 대학

(Northwestern University)에서 예과 과정의 장학금까지도 받았다. 하지만 등록하기 전 여름에, 영혼을 위한 외과 의사가 되는 것이 낫겠다고 결정하였다.

그래서 휘튼 대학(Wheaten College)에 입학하여 목회를 위한 공부를 시작했다. 그 후, 달라스 신학교(Dallas Seminary)에서 학위를 취득했고, 지금은 그곳에서 기독교 교육학과 교수로 있다. 그는 또한 달라스 신학교의 기독교 지도력 연구소(The Institute of Christian Leadership)의 책임자이기도 하다. 그는 "기독교 교육"이라는 주제로 수십 편의 책과 글을 기고해 왔다. 가장 최근에 발표한 것으로는, 「삶을 변화시키는 가르침」(*Teaching to Change Lives*)과 「제자도를 아는 것」(*Discovering Discipleship*)이 있다(둘 다 뮬트노마(Multnomah) 출판사에서 발간).

로베르터 헤스턴즈(Roberta Hestenes)

내가 풀러 신학교(Fuller Seminary)에 다닐 때, 로베르터 헤스턴즈의 "성인을 변화시키는 전략들"(Adult Transformation Strategies)이라는 과목을 수강했다. 헤스턴즈는 완벽하게 준비하여, 매료시키며, 감동을 불러 일으키며, "목표 의식을 갖게" 하였다.

한 가지 연구 과제로, 내가 막 가르치려고 했던 "성경 개요"라는 성인 주일학교 수업에 대한 일련의 교수 계획들을 제출하였다. 내가 그녀의 논평을 듣기 전까지는 나의 계획안에 대해서, 공식적인 자료나 학급 토론용으로 사용해도 손색이 없을 만큼 아주 뛰어날 뿐만 아니라, 독창적인 것이라고 생각했다. 하지단 나의 것진 교수 계획안에 온 통 자유롭게 흩어져 있는 논평은 다음과 같았다 : "여기에 웬 상품 안 내서냐? 사람들이 그것들을 어떻게 사용할 수 있겠는가? 당신은 이 부분에서 단락을 끊어야 한다고 확신하느냐? 여기서 당신이 이끌어 내려고 애쓰는 것은 무엇이냐?"

나는 서서히 그 지적들을 받아들이게 되었다. 그래서 그 후에는 의도를 분명하게 하려고 노력하고, 도움이 되지 않을 만한 것들은 냉정하게 삭제해 버리는 그러한 방식으로 나 자신을 만들어가고 있었으며, 수업 중이든 수업 후든 간에 목회 사역에서도 그렇게 가르쳤다.

헤스턴즈는 사람들로 하여금 가장 중요한 질문들을 스스로에게 물어보게 하기 때문에, 그녀는 성경 교사든, 교수든, 대학 학장으로 있든, 그녀가 어디에 재직하고 있다 하더라도 영향을 미친다. 그 모든 경우에서, 사람들로 하여금 생각하게 하고, 심사숙고하게 하여, 결국에는 주님을 위하여 더욱 힘써 일하게 하였다.

로베르터 헤스턴즈는 펜실바니아(Pennsylvania) 주의 세인트 데이비즈(St. Davids)에 있는 이스턴 대학(Eastern College)에서 1987년부터 학장으로 재직하고 있다. 그 전에는 워싱턴(Washington) 주의 시애틀(Seattle)에 있는 대학장로교회(University Presbyterian Church)에서 성인 교육의 책임자로 섬겼으며, 그리고 나서 캘리포니아(California) 주의 퍼새더너(Pasadena)에 있는 풀러 신학교(Fuller Theological Seminary)에서 그리스도인의 인격 형성(Christian formation) 교수로서 섬겼다. 저서로는 「그룹 성경 사용법」(*Using the*

Bible in Groups)이 있다(웨스트민스터/존 낙스 출판사).

얼 팔머(Earl Palmer)

그는 설교할 때, 그리스어 어휘 연구를 하고 도스토예프스키나 바르트, 불트만을 인용한다. 지금은 1930년 대에 독일에서 생겼던 신학 문서인, 바르멘 선언서(Barmen Declaration)를 시리즈로 설교하고 있다. 우리가 그와 인터뷰했을 때에는, 그는 화요일 아침 반에서 체스터톤(G.K. Chesterton)의 교의학을 가르치는 것을 막 마친 참이었다.

여러분은 얼 팔머를 신학적인 공상에나 잠긴 사람으로 생각할지도 모르겠다. 그리고 나서 다시…….

팔머가 한번은 신학교 채플에서 설교한 후에, 어떤 학생들이 그들의 전통적이고 개혁주의적인 설교를 하는 교수에게 팔머의 설교에 대한 견해를 물었다. "그는 잘 할거야." 그 교수는 계속해서 말하기를, "중학교사역에 남아 있는 한은 말이야." 그 교수는 팔머가 그 당시에 캘리포니아(California) 주의 버클리(Berkeley)에 있는 유명한 제일장로교회(First Presbyterian Church)의 목회자였다는 사실을 알지 못했다.

그러면, 팔머는 정말 신학자일까, 중학교 애들이나 가르치는 선생님일까? 그 자신이 인정하는 바로는, 둘 다이다.

그는 설교와 가르침에서 항상 열심이고, 열정적이며, 적절했다는 의미에서 한때 말하기를, "나는 결코 영 라이프(Young Life)의 지도자라고만 할 수는 없다"라고 하였다. 간단히 말해서, 팔머는 신학과 삶을 어떻게 통합하는지를 아는 튼튼하게 고정된 전달자인 것이다.

팔머는 지금 워싱톤 주 시애틀에 있는 대학장로교회의 담임목사이다. 그 전에는 캘리포니아 주 버클리의 제일장로교회의 목사였다. 그는 수많은 책과 성경 주석을 썼는데, 가장 최근에 나온 것으로는 다음과 같은 것들이 있다. 「'길잡이' : 불확실성의 시대 속에서 기독교적 가치들로 사는 것」(*Signposts : Living with Christian Values in an Age of Uncertainty*)(말씀사:Word), 「가식 세계 속에서의 정직」(*Integrity in a World of Pretense*) (IVP).

우리는 결국 창고에 있는 색분필을 발견했고, 심지어 일학년 학생들과 이학년 학생들을 위한 정말 기발한 생각들을 제안해 내었다. 그리고 나중에 알게 된 것이지만, 교사들이 가르치는 데 있어, 내가 그들에게 준 더 큰 안목에 대해서 그들은 정말 고마워했다. 그리고 그것은 바로 상세한 것들에 유의하면서 동시에 더 큰 안목을 주는, 즉 무엇에 대해 가르칠까 하는 것이었다.

그것이 바로 이 책의 세 명의 저자들이 정확하게 여기에서 우리에게 주려고 하는 것이다. 그들은 가르치는 직무에 대한 우리의 비전을 확장시킴과 동시에, 가르치는 데 있어서의 난점들을 논의한다. 그런 방식으로, '동기를 부여하는 교회교육' 을 향한 우리의 길을 그들과 함께 계속 전진해 나갈 때에, 우리는 그들로부터 도움을 받을 수 있다.

마크 갤리 (Mark Galli)

「리더십」 부 편집인

일리노이 주 캐롤 스트림에서.

1부

교사의 임무

제 1 장

기독교 교육의 독특성

나는 십대에 노스웨스턴 대학(Northwestern University)으로부터 예과 과정의 장학금을 주겠다는 제의를 받았다. 그리고 지금도 여전히 인체에 매료되어 있으며 외과 수술을 지켜보는 것을 좋아한다. 하지만 그 곳으로 가기 일년 전에, 주님께서는 나에게 감동을 주셨다 : 육체는 수술은 할 수 있겠지만, 결국에는 퇴락하여 죽을 따름이다. 하지만 내가 영혼을 수술할 수만 있다면, 영원히 지속될 것이 아닌가…….

나는 영혼을 위한 외과 의사가 되기로 결심했다. 장학금을 포기하고 휘튼대학(Wheaten College)으로 목회를 준비하기 위하여 갔다. 그 결정은 이때까지 내가 한 것 중에서 가장 훌륭한 것들 중의 하나였다. 왜냐 하면, 내가 사역하고 있는 기독교 교육 분야는 모든 직업들 중에서 가장 고귀한 것들 중의 하나임을 확신하게 되었기 때문이다.

또한 분명한 것은, 목회자들이나 기독교 교육자들은 계속해서 기독교교육의 독보적인 역할을 상기해야 할 필요가 있다는 것이다.

우리들 주위에서 볼 수 있는 모든 상황은 세속적 교육에 주어져 있다. 어린이들은 어린 시절의 대부분을 그 속에서 보낸다. 학교 이사회의 선거는 전체 사회의 초점이 될 수 있다. 대학은 사회에서 가장 중요한 연구와 가장 심오한 발견을 하는 중심으로 존재한다. 대중 매체는 끊임없이 대학 교수의 견해를 구하려고 애쓴다.

진짜 교육자들이 저쪽에서 교육계의 방침을 결정하고 있는 동안에, 목회자들과 기독교 교육자들은 기독교 신앙을 '단지' 가르치기만 하고 있는 이류 교육자들이라는 생각이 들 것만 같다.

그러나 진리로부터 떨어져 있는 것은 아무것도 없다. 그래서 가끔씩 세속 교육과 우리의 소명과의 차이점을 나 자신과 다른 기독교 교육자들과 목회자들에게 상기시키고 싶다. 결국, 그것은 육체를 다루는 외과 의사와 영혼을 다루는 외과 의사와의 차이점과 같은 것이라 나는 믿는다.

더욱 중대한 안목

기독교 교육이 초월적인 것을 다룬다면, 세속적인 교육은 단지 인간만을 다룬다. 기독교 교육이 영원을 논한다면, 세속 교육은 여기 그리고 지금을 논한다. 그래서 특별히 네 가지 영역에서 이것은 명백하게 나타난다.

• 계시의 수단 : 세속 교육의 주된 요소인 이성은 기독교에서도 크게 도움이 될 수 있다. 이성은 하나님께서 계시하신 함축된 것들을 이해하여 자신의 것으로 만들 수 있게 하고, 부분들을 전체로 통합할 수 있게 하며, 식별할 수 있게 한다. 하지만 이래라는 곳을 향하여 우리가 밤에 운전을 하고 간다면, 계시는 헤드라이트이며 이성은 바퀴들이다. 계시는 이성이 반드시 좇아가야 할 길을 우리로 하여금 볼 수 있도록 도와준다.

사실, 계시를 제외한다면, 인생에서 가장 중요한 것들을 놓쳐 버리게 된다. 계시가 없이는 부활에 대해서 설명할 길이 없다. 계시가 없이는 삼위일체에 대해서 설명할 길이 없다. 계시가 없이는 희생적인 사랑에 대해서 설명할 길이 없다.

그래서 계시의 도구인 기독교 교육자에게는 어떤 놀랄 만한 순간들을 증언할 수 있는 특권이 주어진다.

나는 수술하는 것을 관찰하는 취미가 있다. 한번은 외과의사인 친구가 중이(中耳)의 등골 절개 수술하는 것을 지켜볼 수 있도록 초대했다. 귀 먹은 사람을 들을 수 있게 하는, 귀 내부의 작은 뼈 세 개에 대한 극 미소(極微小) 수술이었다. 그 수술은 아프지 않았기 때문에, 환자는 단지 부분 마취만을 필요로 했다.

수술하면서 친구가 말하기를, "하위, 내가 지금 이 뼈들을 연결하려고 하네. 수술하면서 계속 말하고 있을 테니까, 자네는 이 친구 얼굴을 주목해 보게." 그가 그 조그마한 뼈들을 연결시킨 바로 그 순간, 환자의 눈이 번쩍 뜨이면서, 기쁨의 눈물이 뺨을 타고 흘러내리기 시작했다. 나는 가제로 눈물을 닦아주었다.

계시가 바로 이와 같다. 내가 말하고 있을 때에, 성령께서 뼈들을 연결하셔서 통찰력을 주신다. 그리고 그러한 일이 일어나면, 청중들의 얼굴에서 그것을 볼 수 있다. 그들의 눈은 열려지고, 마음은 새 생명이 불어 넣어지게 되는 것이다. 그들의 삶은 변화되었다.

• 먼저 하나님과 관계됨 : 세속 교육은 인간의 관찰과 해석이 진실성의 기초라고 가정한다. 하지만 기독교 교육은 하나님께서 창조주이시며 만물의 주권자이시므로, 그 분만이 모든 것을 해석하실 수 있는 분이시라고 생각한다. 만물이 그를 섬기며 그 분에 의해 유지된다. 그 분은 또한 역사를 주관하신다. 그러므로 바로 그 지식의 기초가 기독교 교육자들에게 있어서는 차이가 난다.

그 결과는 천문학자들에게 있어서, 태양계의 천동설 대(對) 지동설의 차이를 말하는 것만큼 극적이다. 하나님 중심의 교육은 모든 역사를 올바른 관점으로 두게 한다. 그것은 문학에 의미를 부여하고, 인생에 존엄함과 고결함을 주며, 사회적인 문제를 결정하는 데 있어서 표준과 권위를 주고, 철학에 방향을 제시한다.

• **지속적인 것들과 관계됨** : 기독교 교육은 가시적인 이 교육계보다도, 끝나 가고 있는 이 세상에 대해서 말할 수 있는 권위가 더욱 크다. 세속 교육이 초점을 맞출 수 있는 것이 사업과 돈, 물질과 분자, 사람과 이슈들이라면, 기독교 교육자는 인간의 영, 혼, 죽음 이후의 삶, 하나님의 나라, 그리스도의 재림, 최후의 심판 등 지속되어질 것들에 대하여 전개할 수가 있다.

바꾸어 말하자면, 세속 교육과 기독교 교육의 차이점은, 동물의 세계와 인간의 세계라고 할 만큼 차이가 난다.

동물과 인간은 둘 다 심장과 피와 뇌를 가지고 있다. 그들은 살고 또한 죽는다. 성으로 번식한다. 그리고 너무나도 유사한 방법으로 먹고, 숨을 쉰다. 하지만 결국 유사점보다는 차이점이 절대적으로 더 크다. 오직 인간만이 하나님의 형상으로 창조되었고, 인간만이 도덕적 판단을 내릴 수가 있다. 오직 인간만이 외과 수술을 할 수 있고, 달에다 로케트를 쏘아 올릴 수 있으며, 로미오와 줄리엣을 쓸 수 있고, 모나리자를 그릴 수 있으며, 노트르담 대성당을 건축할 수 있다. 그리고 오직 인간만이 예수 그리스도의 형상으로 부활할 것이다.

그래서 오직 기독교 교육만이 인간들에게 가장 중요하고, 없어서는 안 될 인생의 진리들을 나누어 줄 수 있다.

• **성령의 감독 아래 있음** : 기독교 교육에서, 성령은 배움이라는 경험에 있어서 절대적인 권위로 관현악을 연주하는 것과 같다. 나는 단지 참가자일 뿐이다. 그 분이 교실을 감독하신다. 내가 아니다. 그 분

이 대 교사(Master teacher)이시다. 내가 아니다. 그 분이 대화의 중개자요, 진리의 수여자요, 전달자이시다. 그리고 나는 단지 그 분이 움직이고 계시는 인격체일 따름이다.

성령님의 존재는 기독교 교육이 의존성과 겸손한 마음 자세를 가지게 한다. 나 자신과 나의 책들과 나의 경험과 내가 과거에 배웠던 것들과 나의 교수 계획과 나의 전언(message)에 의존하기 시작하면, 뒷걸음질 칠 수밖에 없다. 하지만 내가 그에게 민감하고, 그를 찾고, 날마다 기도하면서 나 자신을 의지할 때는 아무것도 할 수 없으나, 그 분의 은혜로 나를 통하여 그 분이 하셔야만 된다고 깨달을 때, 할 수 있다.

그래서 비록 내가 아무리 학교의 학위나 전문가적인 지식을 가지고 있다 할지라도, 성령님께 전폭적으로 의지하지 않고서는, 열매를 맺게 할 수도 없고 성숙한 제자도의 목표를 성취할 수도 없음을 안다. 물론 성령님이 없이 정보를 전달할 수는 있다. 설명하고 예증하며 즐겁게 할 수는 있다. 하지만 포도나무에 붙어 있지 않고서는, 결코 과실을 맺을 수 없을 것이다.

단지 가르치는 것이 아니라 변화시키는 것

기독교적 가르침은 단지 통찰력에서뿐만 아니라, 객관성에 있어서도 세속적 교육을 초월한다. 세속적 교육은 보다 낫고, 보다 유능하고, 보다 성공적이며, 보다 지적인 사람들을 만들려고 애쓴다. 하지만 기독교 교육자는 신자를 그리스도의 형상으로 변화시키기를 열망한다. 그래서 세속 교육과 기독교 교육에는 세상을 향한 태도에서 차이가 난다. 하나는 사람이 세상의 구조에 알맞게 적응할 수 있도록 도우며, 다른 하나는 사람이 세상을 초월하여 올라가도록 도운다. 내가 가르치는 것은 단지 지성에 정보를 주기 위함이 아니라, 마음을 새롭게 하기 위함이다. : "너희는 이 세대를 본 받지 말고 오직 마음을 새롭게 함으로 변화를 받아 하나님의 선하시고 기뻐하시고 온전하신 뜻이 무엇인지 분별하도록 하라"(롬 12:2).

내가 뉴욕대학 대학원을 다닐 때, 자기가 연구한 분야를 완벽하게 아는 아주 뛰어난 교수를 알게 되었다. 그래서 수업 첫 날, 나는 제일 앞 줄에 앉아서, 그의 강의를 하나도 놓치고 싶지 않았다.

그런데 다른 학생들은 뒷줄에 떼지어 있는 것을 곧 목격했다. 적어도 이 사람들이 대학원생 정도라면 동기부여가 충분히 되어 있을 텐데, 나는 그것을 도저히 이해할 수가 없었다. 그러나 몇 분 후, 알아차리게 되었다.

그 교수는 아주 쌀쌀맞은 사람이었다. 강의 시간을 열정도 없고, 단순히 무미건조하게 강의만 했다. 시간이 좀 지나자 학생들에게 말하기를, "주목해, 너희들이 배우든 말든 월급은 나온단 말이야!" 그래서 나는 그가 그 과목을 냉담하게 가르치는 이유를 이해할 수 있었다.

기독교 교육자들에게 있어서, 그러한 태도는 결코 있어서는 안 될 것이다. 우리의 목적은 강의하는 것이 아니다. 심지어 아무리 훌륭하게 강의를 한다고 하더라도 말이다. 우리의 목적은 학생들이 지식을 배워서 사용하도록 하기 위해서 가르치는 것이다. 기독교 교육자들은 반드시 그들 자신이 제자를 만드는 사람임을 생각해야 한다. 우리가 전하는 지식은 듣는 사람들의 마음에 더욱 큰 영향을 미친다. 그것은 곧 삶을 변화시켜야만 한다.

특별히 내가 가르친 결과로써, 학생들이 다섯 가지 특성을 계발하기를 원한다.

그리스도께 깊이 헌신함

세속 교육은 학생들이 누구인가를 묻지 않고, 그들이 무엇을 알고 있는가를 묻는다. 기독교 교육은 학생들이 얼마나 많이 아는가를 묻지 않고, 그들이 얼마나 그리스도를 가까이 따르고 있는가를 묻는다. 기독교 교육에서는, 머리로 들어가는 것은 반드시 마음을 움직여서 더 깊은 헌신과 더 큰 순종을 불러 일으켜야만 한다. 영적인 지식은 머리만을 위해서 있는 것이 아니며, 결코 기술에만, 사실에만, 원칙에만 초점이 맞추어져 있는 것이 아니다. 모든 지식은 반드시 하나님께 영광을 돌리기 위한 것이다.

헌신은 단지 듣는 사람들만의 책임이라고 가정하려는 유혹을 우리는 받아들일 수 없다. 특별히, 교사들은 사람들이 들었던 것에 대해서 순종에 이르게 하는 역할을 한다. 학생들을 가르치면서 그 말씀과 관련 있는 것으로 도전을 던졌을 때, 즉 특화된 용어로 적용시키는 것이 학생들을 헌신하도록 만드는 더욱 좋은 기회를 얻을 수 있다는 것을 알았다.

인격이 자라감

나는 학생들에게서 성령의 열매를 보기를 원한다. 지식이 단지 나의 목표가 아니라, 인격이 바로 나의 목표이다.

몇 년 전, 달라스 근처에 있는 한 동네에서의 연쇄 강간 사건에 대한 이야기가 신문의 머리글자를 장식했다. 결국 경찰은 범인을 잡았는데, 그는 그 신학교를 졸업한 동창생이었다는 불쾌한 기사를 읽게 되었다. 그는 공부를 했고, 시험을 치렀으며, 성경을 연구하였으며, 목회자까지 되었지만, 인격을 계발시키지는 못했다.

나는 사람들이 행동하지는 않지만, 듣는 것에 만족하도록 가르칠 수는 있다. 나는 그들이 헌신과 순종은 결핍되어 있지만, 영적인 지식이 자라남을 통하여 만족을 느끼게 할 수는 있다. 나는 학생들이 그 지식에 불순종함으로 그들이 겸손하도록 하는 것보다도 오히려 그 지식으로 우쭐대게 할 수는 있다. 만약 지식과 더불어 마음이 새롭게 되어지지 않는다면, 나는 실패한 것이다.

신앙을 이어가는 능력을 보여줌

나는 학생들이 그리스도를 위해서 열매를 맺는 데 필요한 기술과 지식과 경험과 인격을 갖추게 하는 일에 헌신하고 있다.

이라크와의 전쟁 때, 군부는 현대식 미군의 전문성에 대하여 간단한 발표와 함께, 인터뷰를 통해 그것을 강조했다. "군인들은 자기에게 맡겨진 일을 마치 전문가들처럼 해냅니다." "우리는 이 세상에서 최고가 되도록 그들을 훈련시켰습니다"라고 말하곤 했다. 군대의 전문성에는 중요한 이유가 있다. 지휘관들의 능력에 그의 부하뿐만 아니라 부대의 생존까지 달려 있다는 것을 그들은 알기 때문이다.

나는 상사가 신병 훈련소에서 느끼는 것과 같은 감정을, 신자들에게 필요한 것들을 갖추게 하면서 느낀다. 특정한 기술을 가르치지 않고서는, 주님의 군대에서 유능하고 자질이 있는 그리스도인이 될 수 없다는 것을 알고 있다. 내가 맡은 반을 마치는 학생은 누구라 하더라도, 하나님의 목표를 성취하기에 무능력한 사람이 되는 것을 원치 않는다.

그래서 그리스도인은 세 가지 면에 있어서 자격을 충분히 갖추어야 한다고 생각한다.

● **지식** : 바울은 자신의 수사학적인 기술과 개인적인 만남으로는 고린도 사람들에게 감명을 주기에는 부족하였음을 자인하였으나, 자신이 가지고 있는 진리는 너무나도 중요한 지식임을 강조하였다.

성경에 대한 이해가 없는 학생은 무기가 없는 병사이다. 내가 교사를 하고 있는 이유는, 신자들이 어떻게 살아가야 할지, 그리고 그들이 어떻게 해야 다른 사람들을 잘 도울 수 있을지에 대해서, 지식을 통해서 영향을 줄 수 있다고 확신하기 때문이다.

내가 한 친구의 집을 방문했을 때, 그는 이렇게 말했다. "자네 이

쇼를 한번 꼭 보게." 그래서 나는 그와 그의 아내와 애들과 함께 텔레비전을 보았다. 다른 것은 제쳐 두고, 그 방송 프로그램은 신앙적인 것을 마치 그것이 농담의 대상이라도 되는 듯이 가볍게 다루고 있었다.

끝났을 때, 그는 말했다. "어때, 대단하지?"

그때 나는 이렇게 대답했다. "자네는 자네 아이들이 이런 것들을 통해서 어떤 메시지를 얻고 있다고 생각하나?"

지식은 사실들의 축적 이상의 것이다. 그것은 현대의 책들과 서정시들과 영화들을 비평하는 지적인 능력까지도 포함한다. 그래서 현대의 책이나 영화를 토론할 때, 나는 늘 학생들에게 이렇게 묻는다. "그것은 무슨 가치가 있느냐? 어떠한 전제를 가지고 있느냐? 이것에 대한 성경적인 관점은 무엇이냐? 만약 우리가 이러한 방식으로 세상을 바라보고 행동한다면, 어떤 영향을 끼칠 수 있겠는가? 우리가 반대자들을 어떻게 해야 꺾을 수 있겠는가?"

나는 학생들을 교육하는 데 있어서, 그들 스스로 배우고, 결정을 내리며, 문제를 해결해 나가고, 창조적인 생각을 가지며, 성경 해석을 할 수 있도록 하는 데 전념하였다. 그래서 그들이 단지 무엇을 그리고 '왜' 만 배우는 것이 아니라, '어떻게' 라는 것까지도 배우기를 원한다.

• **감정** : 참된 지식은 감정을 불러일으킨다. 몇 년 전에, 나는 아프리카 복음주의 협의회의 핵심적인 지도자인 비양 카토(Byang Katto)를 만나러 아프리카로 갔다. 그때 나는 나이지리아에서 선교하는 생

활을 목격하고 듣고 느낌을 받았다.

우리가 나이지리아의 멀리 떨어진 변경으로 차를 몰고 갔을 때, 나는 여태껏 죽음을 그토록 가깝게 느껴 본 적이 없었다-사람들은 자동차 경주를 하기라도 하는 듯, 미친 듯이 차를 몰았다. 그리고 차가 고장이 나면, 즉시 도로 중앙에 멈추어 섰다. 물론 당신도 언덕에서나 또는 차가 아주 좋은 상태일 때는 속도를 낼 수도 있을 것이다 - 당신이 무엇인가를 발견하기 전에는 전속력으로 말이다.

자, 내 방으로 돌아왔을 때, 쟝(Jeanne)이 말했다. "하위, 도대체 무슨 일이야?"

"왜 그래?" 나는 대답했다.

그녀는 말하기를, "당신 얼굴이 백지장처럼 새하얀데…"라고 하였다.

나는 그녀에게 오늘 있었던 여행에 대해 설명해 주고는 말하기를, "쟝, 나이지리아 선교사들을 위해서 우리가 정말 새로운 역점을 두고 기도해야만 되겠어! 그들은 이런 위험을 매일마다 직면하니 말이야."

선교 경험에 대한 나의 개인적인 지식은 모든 선교사들을 위하여 더욱 더 기도하게끔 만들었다. 나는 그들의 도전과 위험들을 지금도 느끼고 있다. 감정만이 전부는 아니겠지만, 진리를 완전히 이해하는 데 있어서, 없어서는 안 될 부분인 것이다.

만약에 우리가 주의하지 않는다면, 우리는 심장에 있는 모든 피까지도 사실이나 정보와 함께 흡수해 버릴 수 있을 것이다. 반면에 나는 청중들의 두뇌를 확장시키는 것만큼 그들의 마음도 확장시키기를 원한다. 그래서 진리를 알고, 그것을 강하게 느끼게 하기를 원한다.

• **행동** : 정상적인 그리스도인은 신앙을 행동으로 나타낸다. 예수께서는 말씀과 행위에 있어서 능력이 있는 분이셨다 - 그분은 행동하시는 분이셨다. 그 분의 제자들도 마찬가지이다.

몇 해 전에, 아틀란타에서 변호사를 개업하고 있다가 그의 일생을 주님께 바친 한 학생을 만났다. 그는 신학 학위를 취득하기 위하여 신학교로 갔다. 그리고 학업을 마쳤을 때, 동남부로 되돌아갔다. 오늘날 그는 변호사단에서 예수 그리스도를 나타내면서, 젊은 변호사들을 가르치며 제자로 삼는 사역을 하고 있다. 그것이 바로 행동이다.

물론 행동은 지식과 감정을 강화시키며 완성시켜 준다. 그러므로 "언젠가 내가 주님을 섬길 만한 준비가 될 때까지"라고 하면서, 다른 사람들에게 사역을 미루는 것은 잘못된 것이다.

그래서 나는 나의 학생들이 사역을 하도록 자극한다. 개인적으로 그들의 영적인 은사에 대해서 물어보고, 그것을 사용하고 있는지, 어떤 장애물들과 대항하여 싸우고 있는지를 물어본다. 그들 개개인의 사역은 내가 가르치는 과목과는 그렇게 상관이 없을지도 모르지만, 그들이 어떠한 지식을 소화하여 자기 것으로 삼는 데는 직접적인 영향을 미친다. 목회는 지식을 현실로, 그리고 100볼트짜리 전류가 흐르는 문제들로 바꾸어 준다.

목회에 있어서의 창조성

나는 나의 모습을 그대로 본 떠서 모방하는, 붕어빵을 찍어내는 그리스도인(cookie-cutter Christians)을 만들고 싶지는 않다. 모든 사람은 다 독특한 개성과 은사와 소명을 가지고 있다. 내가 가르치기를 원하는 것은, 개개인이 독특성을 가장 잘 발휘할 수 있도록 하는 것이다.

사람들이 말씀으로부터 풍부한 해답을 얻어서, 하나님의 창조성을 배우며, 다른 사람들의 필요를 충족시켜 줄 수 있는 길을 발견하며, 그들 자신의 문제를 해결하기를 원한다. 단지 형식에 굳어 있는 것이 아니라, 서로 다른 상황과 처지에서 원칙을 발견하고 그것을 적용하기를 원한다.

예를 들자면, 그랜트는 신학교 교실을 떠나 군목으로 봉사하게 되었다. 교회를 다니지 않는 군인들의 마음을 움직이려고 주일 저녁 모임의 계획표를 짰다 — 하지만 같은 때에, 헐리우드의 개봉 영화를 기지에서 항상 보여주었다. 다른 사람들은 아무도 오지 않을 것이라고 하였으나, 그는 기독교 메시지가 들어 있는 필름을 들여와서, 그 다음에는 토론할 수 있는 발표회와 복음에 대한 소개를 한 후, 음악과 함께 신앙을 증거하였다.

바로 몇 주 만에, 주일 밤 복음의 시간의 참석자가 세속적인 오락물 참석자와 같아졌다. 그리고 주일 아침 예배는 훨씬 늘어났다. 그랜트는 단지 그의 사역을 그 상황에 적응시키고 있을 뿐이었다.

나는 사람들이 나의 대답에 의존하지 않고, 그들 자신의 방식대로 배우고 자라가기를 원한다. 그것은 말만큼 쉽지 않다. 왜냐하면, 통찰력이 있는 교사일수록 청취자들은 그를 더욱 의존하게 되기 때문이다. 그래서 나의 통찰력으로 사람들에게 영향을 준 충격량과 그 대신에 그들이 생각할 수 있도록 도전을 준 충격량을 서로 비교하여 체크해야만 했다. 나는 학생들이 발버둥치며 애쓰게 하는가, 그들은 도와주기를 원하시는 하나님께로 주의를 돌리게 하는가, 그들이 흥하든 망하든 그러한 상황에 처하도록 하는가, 하는 질문들을 하는 데 많은 시간을 사용한다. 내가 알기로는, 필요는 부싯돌과 같아서, 창조성에 불을 붙인다.

효과적인 전달자

의사전달 ─ 정보를 주고 받고 이해하는 ─ 은 우리의 신앙의 중심부에 있다. 우리가 기초적인 의사전달 기술을 약간이라도 배우지 않는다면, 하나님과의 관계 속에서 자라가는 것이나 다른 사람들에게 효과적으로 전달하는 것을 할 수 없을 것이다. 특별히 나의 학생들이 의사전달의 주요한 두 영역에 있어서 능숙하게 되기를 바란다.

• **듣는 것** : 훌륭한 의사 전달은 잘 듣는 것에서 시작한다. 그리고 잘 듣는 것은 하나님의 말씀을 듣고 이해하는 것에서 시작한다. 우리가 하나님의 관점에서, 그들이 누구인지 그리고 어떻게 그들을 다루

어야 할지를 이해하지 않는 한, 인간의 기본적인 필요들에 대해서 말할 수 있다고 기대하기 어렵다.

그래서 나는 사람들이 그들 스스로 성경을 읽고 연구하도록 훈련시키는 데 전념했다. 나는 그들에게 단지 말씀을 읽으라고 계속 되풀이하여 권유하거나, 날마다 경건하게 읽는 것이 그들에게 주어진 책임이라고 하지 않고, 말씀에 대한 식욕을 자극함으로써 그렇게 하였다.

나는 성경이, 지금 우리 사회와 관련이 있으며, 살아 있고, 흥미를 불러일으키는 책이 되도록 열심히 노력하였다. 뿐만 아니라, 사람들이 성경을 이해하는 데 필요한 참조가 될 만한 구조적인 틀을 가지면, 그들이 더욱 쉽게 성경을 읽을 수 있을 것 같아서 성경의 기본적인 해석 원리와 큰 구도를 갖추게 한다.

어느 젊은 여성과 함께, 나는 하나님의 전체 계획 속에 성경이 얼마나 잘 들어맞는지를 보여주기 위해, 그녀가 알기 쉽게 연대순으로 성경의 각 권을 배열해 두었을 때, 그녀의 눈은 휘둥그레 졌다.

"저의 하늘을 가리고 있던 구름이 걷히고 있는 것 같아요. 저는 지금 이 세상의 사람들을 위한 하나님의 계획을 보고 있어요" 하고 그녀는 말했다.

그리스도인 교사는 하나님의 말씀에 의도적으로 귀를 기울이며, 의식이 있으며, 다른 사람들에게 관심을 가지고 있는 제자들을 훈련시킨다. 그 제자들은 단지 그들 자신의 의견을 표현하는 데만 관심이 있는 것이 아니라, 지식에 호기심이 많고, 굶주려 있으며, 다른 사람들이 생각하는 것에 민감하며, 잘 기억하고 있다.

• **말하는 것** : "말하는 것"은 많은 형태를 가지지만, 그 중의 하나는 쓰는 것이다. 자신의 생각을 명료하고 설득력 있게 표현하는 방법을 배우려는 학생들을 돕기 위하여, 나는 그들이 하나님과 동행하는 것에 대해서 기록해 오도록 하여, 영적인 목표와 경건한 생각들과 기도와 개인적인 평가와 성경연구에 대해 써 내려가도록 했다. 그러한 쓰기는, 정확하게 어법에 맞게 쓴 것이든지, 맞게 쓰지 않은 것이든지 간에, 그들이 다 쓴 후에 어떤 것에 대해서 말할 때에 유용한 기초 작업을 놓아 준다.

나는 내가 가르치는 모든 학생들이 어느 단체 앞에 나서서 말할 수 있어야 한다고 주장하는 것은 아니다. 하지만 "너희 속에 있는 소망에 관한 이유를 묻는 자에게는 대답할 것을 예비하라"는 베드로의 말처럼, 단지 그들이 그리스도를 왜 믿는지를 다른 사람들에게 말할 수 있기를 원하는 것이다.

더군다나, 나는 학생들이 혼자 있든지 다른 사람들과 함께 있든지 간에, 자신의 사상을 말로 나타내도록 격려한다. 학생들은 내가 가르치는 것을 들은 후에, 또 어느 책을 읽은 후에 무언가를 알고 있다고 생각하고 있을지 모르지만, 그들이 다른 사람들에게 자신이 알고 있는 것에 대해서 막상 이야기하려고 할 때, 그 주제에 대해서 자신이 거의 알지 못하는 부분이 있음을 발견하게 된다. 그것은 그들로 하여금 더욱 철저한 연구를 하도록 자극을 준다. 또한, 말하는 과정 바로 그 자체가 머리 속에 희미하게 있는 것들을 명확하게 해 준다. 그래서 쓰는 것을 통하여 배우는 것과 마찬가지로, 우리는 또한 말하는 것을 통해서 배운다.

가장 큰 기쁨을 아는 것

하루는 고등학교에 다니는 내 딸이, "아빠, 아빠가 너무 바쁜 줄은 알지만, 사친회 하는 날 밤에는 꼭 오셔야만 해요. 우리 생물 선생님을 만나야 하거든요"라고 했다.

그날 밤, 우리는 늦게 도착해서 뒷줄에 앉았다. 앞쪽에서 무언가 읽는 듯한 목소리가 들려왔지만, 선생님을 볼 수는 없었다. 그는 앉아서, 믿을 수 없을 만큼 놀라운 과학 연구 과제를 하나씩 하나씩 차례대로, 그 반 학생들이 하고 있는 모든 실험을 설명하고 있었다.

결국 나는 더 잘 보려고 일어서게 되었고, 그 선생님은 척수성 소아마비 환자로 휠체어에 앉아 계시는 것을 알았다. 그 모습이 너무나 감명적이어서 그에게 말을 걸어보려고 앞으로 나갔다. 그는 박사 학위가 두 개나 되었고, 여러 지역에 있는 대학에서 그를 교수로 초빙하려고 하고 있다는 것을 알게 되었다.

"도대체 선생님은 왜 고등학교에 남아서 가르치고 계십니까?" 하고 나는 물었다.

"당신은 어려서 아직 마음대로 모양을 바꿀 수 있는 사람들의 인격을 형성하는 것보다도 더 즐거운 일이 있다고 생각하십니까?" 라고 그는 대답하였다.

그는 가르침에 대한 올바른 태도를 가지고 있었다. 그리고 바로 그것이 내 딸과 다른 학생들이 그에게 아주 좋은 반응을 보이고 있는 이유였다.

어려서 아직 마음대로 모양을 바꿀 수 있는 사람들의 인격을 형성하는 것보다도 더 즐거운 것을 나에게 한 가지만 가정해 보라고 한다면, 그것은 바로 마음대로 모양을 바꿀 수 있는 삶들을 주조(鑄造)하여 영원을 위하여 영혼을 낳을 수 있는 권세이다. 그리고 결국 그것이야말로, 기독교 교육의 유일한 역할인 것이다.

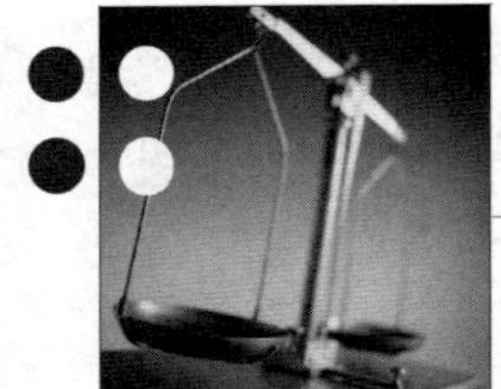

요점 정리와 더 생각해야 할 Point

1. 당신은 세속 교육과 기독교 교육의 차이점에 대해 동의하는가?
더 다른 차이점은 없는가 생각해 보라.

1) 계시의 수단

2) 먼저 하나님과 관계됨

3) 지속적인 것들과 관계됨

4) 성령의 감독 아래 있음

2. 당신은 기독교 교육으로 다섯 가지 특성을 계발했는지 점검해
보라.

1) 그리스도께 깊이 헌신함

2) 인격이 자라감

3) 신앙을 이어가는 능력을 보여줌(지식 / 감정 / 행동)

4) 목회에 있어서의 창조성

5) 효과적인 전달자 (듣는 것 / 말하는 것)

3. 당신은 기독교 교육으로 얼마나 기쁨을 누렸는가?

제 2 장

가르칠 내용과 방법

내가 라스 캐나다 장로교회에서 섬기고 있을 때, 어느 여성 모임에서 나에게 말하였다, "저희들은 소그룹 성경 공부를 원합니다. 성경 강의를 시리즈로 하는 것보다도 더 원합니다. 솔직히 말하자면, 우리는 그것이 지겹고, 이제 흥미도 느껴지지 않습니다."

이 여성들은 헐리우드에서 왔기 때문에, 조금이라도 더 창조적인 어떤 것을 요구하고 있었고, 나도 동감이었다. 그래서 나는 그들의 삶에 무슨 일이 일어나고 있는지, 그들이 애써 노력하고 있는 것이 무엇인지, 기도 생활이 얼마나 의미심장한 것인지, 신앙에 대해 배우고 있는 것이 무엇인지에 대해서 질문함으로써 시작하였다.

그것을 통해서 그들이 요구하는 것과 배우는 유형의 정황을 알 수 있었다. 우리는 그 여성들 중 많은 사람들에게 있어 전환점이 되었던 시편 연구를 함께 계획하였다.

그들은 시편을 한 편씩 읽고 묵상할 뿐만 아니라, 춤추고 노래하며 그들 자신의 입장에 따라 번안하여 쓰기도 하였다. 교회의 다른 여성들을 위하여 시편을 헌정하기 위한 것도 끝내었다. 어떤 의미에서 그들은 자신들의 삶을 변화시켰던 시편 속에서 살았다.

사람들을 가르치려고 준비하는 것은 — 단지 교과목으로서가 아니라 — 가르치는 사역의 가장 매력적인 측면 중의 하나이다. 어떤 때에, 우리는 시편 연구에서처럼 목적을 달성하기도 한다. 하지만 성공하지 못하는 경우도 한둘이 아니다. 그래서 한주씩 시간이 지나갈수록, 그 모임은 눈에 띄게 줄어들고, 결국에는 흐느껴 울고는 끝나버리고 만다. 그리고 우리가 지금 가르치고 있는 것이 인류에게 알려진 가장 중대한 메시지라는 사실에도 불구하고, 이러한 일은 여전히 일어나고 있다.

때로는 모임이 비참해지는 이유가 명백하다 — 교사의 준비가 부족하거나, 같은 시간 동안 다른 반과의 경쟁이 없어서 그렇다. 서로 다른 시간이라면, 우리는 진행되고 있는 상황에 대해서 잘 알아낼 수가 없다.

그것은 또한 학급이나 교사에게까지 풀이 죽게 하는 경험이다. 하지만 그것은 피할 수 있으며, 눈에 띄게 줄일 수도 있다. 내가 두 교회에서 교회의 부교역자들을 가르쳤고, 세미나와 신학교에서 가르치면서, 여러 해 동안에 걸쳐 깨닫게 된 것은, 만약에 몇 가지 원칙만 이해할 수 있다면, 무엇을 가르칠지, 그리고 그것을 어떻게 가르칠지에 대해서 아는 것은, 불명확한 것들을 줄여 줄 것이며, 그러면 목회 사역을 더욱 풍성하게 할 것이다.

우선 필요한 태도들

어느 대학의 학과에서는, 학생들이 입학하기 전에 미리 요구하는 것이 있다. 내가 생각하기에는, 교회에서도 가르치는 데 필요한 선취조건이 있는데, 그것은 단지 가르치는 데 필요한 기술적인 자질이 아니라, 마음가짐이다. 특별히 다음과 같은 세 가지 목표를 내 마음 속에 확실히 붙들고 있을 때, 더 잘 가르칠 수 있음을 안다.

첫째로, 사람들을 진지하게 대하기를 원한다.

나는 단지 사람들에게 흥미를 돋구거나 감명을 주는 것만을 원하지 않는다. 이것은 흥미로운 구경거리나 보여주고 그것에 대해 말하는 시간(show — and — tell time)이 아니다. 영원한 예정과 같은, 사람들에게 정말 중대한 주제를 선택하여 가르치기를 원한다.

그리스도인 사이의 관계를 세워 나가는 모임에서, 빙 둘러앉아서 "당신이 좋아하는 야채는 무엇입니까?"라는 질문에나 대답하고 있는 것은 너무나도 책임을 소홀히 하고 있는 것이라고 생각한다. 사람들은 생명과 죽음이라는 문제와 관련이 있다. 그래서 그들은 빙 둘러 앉아서 자신이 좋아하는 야채에 대해서나 이야기하고 있을 필요가 없다. 그리스도인의 지성을 자극하고 심화시킬 수 있는 중요한 내용이 서로 교환될 때에, 관계를 발전시켜 나갈 수 있다고 생각한다.

물론, 이것은 모든 것에 있어서 깊이가 있고 엄숙하며 진지해야만 한다는 것은 아니다. 사실, 배우는 것은 재미가 있어야 하고, 흥미를 돋구어야 한다. 하지만 우리가 하는 것마다, 사람들은 자신들의 시간을 가치 있게 쓰기를 원한다.

둘째로, 나는 사람들이 그리스도인으로서 배우고 자라기를 원한다.

나의 목표는 내가 가르치는 것을 자랑하거나, 창조적으로 가르치거나, 정보나 또는 다른 사람들과는 차이가 아주 많이 나는 것을 전달하는 데 있지 않다. 하지만 그 대신에, 특별히 삶이 바뀌어지는 것을 보기를 원한다 — 이 세상에서 그리스도께 순종하는 제자들로 말이다.

몇 년 전에, 로마서를 시리즈로 해서 가르칠 때에, 그 반에서 한 학생이 이렇게 말하였다. "저는 목사님이 로마서를 가르치시는 것을 좋아합니다. 목사님께서는 저에게 로마서를 아주 명쾌하게 해 주셨습니다. 그래서 목사님과 함께 있을 때에는 그것을 정말 이해하고 있다는 생각이 듭니다. 하지만 저 혼자 집에서 그것을 읽고 있으면, 멍청해지는 것을 느낍니다. 어떠한 의미도 발견할 수가 없습니다."

그녀는 나를 칭찬하고 있는 줄로 생각했겠지만, 사실 그것은 책망이었다. 그녀는 내가 이해한 로마서에 감명을 받았을 뿐이지, '그녀가' 이해한 것은 아니었다. 그녀는 혼자서 성경을 읽을 수 없었고, 의미를 발견해 내지도 못했다.

그러나 나는 그녀가 위기에 처하여서 로마서 8장 말씀이 그녀에게 주시는 하나님의 말씀이라는 것을 알아야 할 필요가 있을 때, 또는 뒤얽혀진 사회 질서 속에서 애쓰면서 그러한 환경에 대해서 그리고 그리스도인들이 그러한 것을 어떻게 다루어야 하는지에 대한 의미를 알아야 할 필요가 있을 때, 나는 그녀와 여전히 함께 있지는 못할 것이다.

그래서 나는 한 학급을 마칠 때에, "예수 그리스도의 제자가 되는 데 있어서 조금이라도 더 나은 방법을 이 사람들은 배웠는가?"라고 질문함으로써 교사로서의 영향력을 재어 본다.

셋째로, 나는 사람들이 참된 기독교 공동체를 경험해 보기를 원한다.

그러나 예수님께서 우리를 개별적으로 부르신 것은 결국 신앙이라는 여로에서 다른 사람들과 함께 연합하도록 하기 위함이다. 제자도는 공동체적인 것이지 고립된 것이 아니다. 우리는 단지 서로 사랑하는 것이 필요(need to love one another)해서가 아니라, 그리스도인의 삶을 살기 위해서 정말로 서로를 필요로(need each other) 한다. 가르치는 데 있어서 중요한 것은, 시편 연구를 할 때 여성 그룹이 했던 것처럼, 사람들이 서로 서로 관계를 맺도록 돕는 일이다.

내가 이러한 목표를 마음속에 간직하고 난 후부터, 나는 준비하는 것과 가르치는 방법에 있어서 아주 극적으로 바뀌어졌다. 사실, 내가 가지고 있는 원칙의 나머지 부분들은 이러한 세 가지 기초 위에 세워져 있다. 물론, 내가 가르치려고 하는 사람들에 대해서 아는 것은 이러한 과정의 가장 중요한 부분이다. 그러나 일단 그것은 순서에 맡겨 놓고, 다른 문제들은 그것과 같이 다루게 될 것이다.

알라, 느끼라, 행하라

나는 수업을 할 때는, 단지 지성뿐만 아니라 마음까지, 그리고 단지 마음과 지성뿐만 아니라 의지까지, 즉 전인(全人)에 영향을 주기를 원했다. 그래서 나는 준비할 때에, 스스로 세 가지 질문을 한다.

1. 나는 그들이 무엇을 알기를 원하는가? 배움에 대한 몇 가지 기초적인 것들, 예를 들면, 우리가 더 높은 단계에 있는 것들을 배우기 전에 기초적인 단계에 있는 것들을 배워야 한다, 라고 생각하는 것은 전혀 해롭지 않을 것이다. 우리는 지식을 적용하기 전에, 먼저 지식이 필요하다. 우리는 새로운 방법으로 자료를 편집하기 전에, 자료를 분석하는 것이 필요하다.

너무나도 자주 적용하는 데만 급급해서, 우리가 가르치는 사람들이 알고 있지도 않은 지식을 알고 있는 것으로 가정하고는, 과정들을 계획한다. 그 결과, 그들이 다룰 수 있는 것보다도 훨씬 많은 것들이 제공되고, 결국 배우는 것은 없다. 뿐만 아니라, 그들이 알고 있는 것을 과소평가해 버린다면, 또한 실패할 수밖에 없을 것이다.

그 반 학생들에게 바울을 소개하려는 의도로 갈라디아서라는 과목을 가르쳤던 목사님 한 분을 알고 있다. 하지만 수업이 끝났을 때에야 비로소, 그 반 학생들의 지식 수준을 파악하는 데 실패했다는 것을 깨달았다. 학생들은 이미 바울에 대해서 알고 있었고, 갈라디아서 본문의 더 깊은 의미를 다룰 준비가 되어 있었다. 그는 그 반 학생들의 지식 수준을 오해하고 있었던 것이다.

나는 단지 흥미로운 것만 찾을 것이 아니라, 학생들이 알아야 할 필요가 있는 것을 가르쳐야 한다고 또한 확신하게 되었다. 예를 들면, 내가 가르치고 있었던 새로운 반에 오십 세 정도 되는 분이 나에게 말하기를, 그의 어머니가 어릴 때에 가르쳐 주셨던 "지금 저에게 잠자리에 들게 하시고" 하는 기도 외에는 자신이 알지 못하노라고 하였다. 그는 난처해 했지만, 정말 그 밖의 다른 것을 알지 못했다.

그 반에는 다른 사람들도 그와 거의 같았기 때문에, 더 깊은 기도의 수준을 말해주고 싶은 충동을 참아야만 했다. 그 대신에, 이러한 질문들에 대답함으로써 기초적인 것들에 초점을 맞추었다. 기도의 종류에는 어떤 것이 있을까 / 중보 기도란 무엇인가 / 기도를 어떻게 하고 있는가 / 하루에 십 분 씩 기도하는 데 떼어놓는가 / 기도할 때는 무엇이라고 말하는가 / 주기도문이 의미하는 것은 무엇일까 / 바쁜 생활 가운데서 할 수 있는 기도의 유형에는 어떤 것이 있는가 / 만약 하루

종일 차 속에 있을 때에는 어떻게 기도할 수 있는가?

그러므로 내가 가르치는 사람들이 알아야 할 필요가 있는 것이 무엇인지를 분명하게 이해하기 전까지는, 가르칠 수가 없다.

2. 나는 그들이 무엇을 느끼기를 원하는가? 배운다는 것은 지식을 이해하고 적용하는 것 이상의 의미가 있다. 즉, 나는 사람들을 가르치고 있지, 컴퓨터 프로그램을 짜고 있는 것이 아니다. 그래서 또한 사람들이 어떻게 느끼는지 그 방법에도 영향을 주기 위해서 교수 계획을 세우기를 원한다. 이것은 두 가지 방법으로 나타난다.

첫째, 그 반의 화제에 따라, 성경 본문이 전해 주는 감정을 그들이 느끼게 되기를 원한다.

시편 중 애가시를 우리가 공부하고 있다면, 그 과목을 수강하는 동안 어떤 종류의 슬픔이라도 그들이 느끼게 되기를 원한다. 만약 그 시편이 찬양에 관한 것이라면, 그들이 마지막에 가서는 하나님을 찬양하게 되기를 원한다. 만약 내가 그리스도인의 공동체에 관하여 이야기하고 있다면, 그들이 적어도 그 과정이 끝나기 전까지는 조금이라도 그리스도인의 공동체에 대해서 경험하게 되기를 원한다. 가장 기본적으로는, 나는 그들이 하나님을 '경험하기를' 원한다.

둘째, 그들이 계속해서 배우려는 마음이 들게 하기 위해서, 그 사람들이 배우는 경험을 즐기기를 원한다.

만약 사람들이 수업을 마친 후에도 그 주제에 대해 흥미를 느낀다면, 그들 스스로 독서나 연구를 계속하려고 할 것이므로, 그렇게 하는 것이 바로 내가 해야 되는 일임을 알고 있다. 만약 그들이 수업 후에 안도의 한숨을 쉬며, "다 끝나서 기쁘다. 다시는 그것을 하지 않아도 되겠지!"라고 한다면, 나는 그들의 감정을 효과적으로 끌어들이지 못한 것이다.

3. 나는 그들이 무엇을 하기를 원하는가? 나는 사람들이 수업 중에나 수업 후에 무엇을 하는지에 관심을 가진다.

예를 들면, 영적 훈련이라는 과목에서, 사람들이 단지 그 훈련이라는 것이 무엇인지를 알고, 그것을 실제로 실습하는 데만 흥미를 가지게 하는 것이 아니라, 그들이 그 훈련을 시작할 수 있도록 돕고 싶다. 책임은 행동을 촉발시킨다는 것을 알기 때문에, 그 반에서 개인적으로 짝을 택하여 매 주마다 그들이 어떻게 성경을 읽으며 기도하는지를 토의하게 하였다.

그 과정을 맡을 때마다, 나는 바울이 로마서에서 "믿음의 순종"이라 부르는 것을 그들이 연습하기를 원한다. 그들이 더욱 신실하게 하나님을 사랑하며, 순종하기를 원한다.

본문이 수업을 결정하게 함

당연히 어떤 주제가 수업을 어떻게 이끌어 나갈 것인가를 결정하겠지만, 그것보다도 더 다양한 방법들이 있다. 내가 수업 시간에 성경의 어떤 부분을 가지고 가르칠 때에는, 특별히 그렇다.

예를 들자면, 만약에 내가 공동체를 세우기 위해서 에베소서 4장에서 6장까지를 가르치려고 할 때, 공동체를 세우는 데에는 사실 말보다 행동이 필요하다. 우리는 그런 식으로 수업 시간에 공동체를 경험해야만 한다. 최소한 그것은 그 본문에 대한 그룹 토의를 요구할지도 모른다. 그것은 또한 그 반을 둘씩 혹은 넷씩 나누게 하거나, 그들이 그 반에서 기도 짝을 찾도록 도와주는 것을 의미할 수도 있다.

그 본문이 무엇을 가르쳐 주고 있는지를 가르치는 것뿐만 아니라, 가능하다면, 그 본문이 어떻게 그것을 가르쳐 주고 있는지를 가르치는 것도 중요하다. 나는 그 메시지와 그것이 전달되는 방법, 두 가지 다 관심이 있다. 선지서를 가르치는 방법은 계시록이나 시편과는 다를 것이다 — 정말 아주 다를 것이다!

그리고 성경책 내에 있는 다른 구절들도 또한 다른 접근을 요구할 것이다. 예를 들자면, 단지 시편 내에서만 해도 우리는 기쁨과 슬픔과 참회와 절망과 감사를 느낄 수 있다. 참회에 관한 시편을 공부하려고 할 때, 고통을 경험하는 것이 중요한 가르침이 될 수도 있다 — 아마 나는 반 학생들에게 자신들의 무거운 짐이 되는 어떤 개인적인 죄를 잠시 동안만이라도 생각하게 하고, 조용히 죄에 대해 고백하는 시간을 가지려고 할지도 모른다.

본문이 수업을 결정하게 한다는 것은, 모든 교훈을 작은 꾸러미 속에 넣고는 단단히 묶은 후에, 건네주면서 말하기를, "자 이제, 나가서 이러이러한 것들을 지켜 행하라."라고 하며, 무조건 순종을 요구하는 식으로는 하지 말아야 한다는 것을 의미한다. 모든 성경 구절이 아주 분명하게 묶여질 수 있는 것도 아니며, 모든 성경 말씀이 직접적인 적용을 요구하고 있는 것도 아니다.

로마서 1:18~32을 공부한 후에, 당신은 무슨 말을 할 수 있겠는가 / 죄 짓지 않아야 한다 / 그것은 아주 분명하다. 하나님의 은혜에 대해 하나님께 감사하라 / 물론이다. 하지만 로마서는 그러한 점에서, 우리가 실제적으로 해야 할 의무에 대해서 제시하고 있는 것은 아무것도 없다. 결국 사도 바울이 그것을 다른 곳에서는 제시할 것이다. 그리고 그가 그렇게 하면, 그때 나도 따를 것이다.

성경의 메시지와 성경이 그 메시지를 전달하는 방법, 이 두 가지는 결국 성경을 신뢰하느냐 하는 문제인 것이다.

수업을 계획함

일단 내가 사람들이 알고, 느끼고, 행동하기를 원한다는 것을 느낄 수 있으면, 그 수업을 계획할 준비가 된 것이다. 시간 계획을 어떻게 할지를 결정하고 — 6주간, 10주간, 또는 1년 동안 — 그리고 나서, 언제 그리고 어떻게 내가 그 수업 중에, 알고 느끼고 행동하는 것을 하나로 결합할지를 결정한다.

예를 들자면, 만약에 내가 13주 동안 16장이나 되는 두꺼운 책인 로마서를 가르치려고 한다면, 내가 천천히 해야 할 때와 요약해야 할 때를 생각해야 한다. 내가 어떻게 해야 매 주 들어 있는 그 과목을 유효적절하게 수업 시간으로 나눌 수 있을 것인가?

9장에서 11장 사이에서 제기되는 유대인 ― 그리스도인에 관한 문제에 대해서 강의하기로 결정했다고 하자. 아마도 내가 생각하기에, 내가 가르치는 사람들이 유대인에 대해서 약간 불건전한 태도를 가지고 있다면, 이 부분에 대해서 세 주간 동안 강의하기를 원한다.

첫째 주에는, 간단히 그 사람들이 세 장(章)과 관련된 신학을 볼 수 있도록 할 것이다. 그 다음 주에는, 유대인 ― 그리스도인에 관한 어떤 현대적인 이슈들, 즉 유대인 복음화나 중동의 정치적인 상황에 대해서 토론할 것이다. 그리고 마지막 주에는, 바울이 느꼈던, 유대인들에게 섭리하시는 하나님의 주권에 대한 경외감을 그 반 학생들이 경험할 수 있도록 도울 것이다. 그러한 가장 중요한 것을 염두에 두고 나서, 1장에서 3장은 간단한 형태로, 4장에서 8장은 좀 더 천천히, 12장에서 16장은 좀 더 빨리 다룰 수 있을 것이라고 생각한다.

그와 반대로, 13주 동안 6장 밖에 안 되는 갈라디아서를 다루어야 한다면, "너희가 짐을 서로 지라. 그리하여 그리스도의 법을 성취하라"라는 말씀에 중점을 두고, 6장을 두어 절씩 단위로 하여 전체 수업을 할애할 수 있도록, 갈라디아서에 대한 계획을 세우기를 원한다. 그 책의 주제에 대한 강조점을 확인하고 계획을 세운다면, 상대적으로 적은 부분에 너무 많은 시간을 할애하여 제자리 걸음을 하고 있다는 생각은 들지 않을 것이다.

나는 수업에 대한 계획을 세울 때에, 강의하는 데 필요한 핵심사항을 결정하여 그것에다 중점을 둔다. 더 이상 매 주마다 동일한 형태를 사용하여 같은 분량의 자료를 다루려고 애를 쓰는 그런 따분함에 종속되고 싶지 않다.

가르치는 방법을 선택함

교사들은 가르침이라는 도구 상자 속에 많은 연장들을 가지고 있다. 효과적으로 계획을 세우는 것은 적절한 일에 적절한 도구를 고르는 것을 의미한다.

• **강의**(Lecture) : 강의는 많은 양의 자료들(예를 들면, 계시록에 대한 일반적인 관점들)이나 복잡한 이슈들(예를 들면, 정통 신학과 뉴에이지의 가르침과의 관계성)을 다루는 데 있어서 적절한 방법이다. 부정적인 면으로는, 이러한 강의는 학생들에게 많은 것을 요구하지 않는다. 그래서 학생들을 수동적으로 만들어 버릴 수 있다.

그럼에도 불구하고, 강의하는 것은 지식을 전달하는 가장 좋은 방법 중의 하나일 것이다. 특별히, 그 자료가 전에 이루어지지 않았던 방식으로 종합되어졌을 때는 더욱 그렇다. 만약 내가 책의 장(章)이나 논문 속에서 다루기를 원하는 자료를 누군가가 썼다면, 나는 그 자료를 손쉽게 복사를 하고 돌릴 수 있을 것이다. 그것은 수업 시간에 더욱 잘 활용할 수 있다. 그 대신에, 만약 내가 강의를 한다면, 아주 신선한 방법으로 주제와 화제를 통합하여 전체를 구성해 나가기를 원한다.

• 개인적인 연구와 심사(深思, Individual study and reflection) : 특별히 사람들이 연구하는 동안에, 그들을 지도해야 할 때, 이것은 효과적인 방법일 것이다. 내가 아는 목사님 한 분은 성경연구를 할 때에 자주, 사람들에게 두 세 가지 질문을 하여 생각할 방향을 제시하고, 그들이 조용히 그 구절을 십 분 동안 묵상하게 함으로써 시작한다. 가끔씩은 기록한 개요를 그들에게 제시하면, 그들이 생각하는 기간 동안 핵심에 머물러 있을 수 있도록 도움을 줄 수 있다.

이것은 동시에 두 가지의 역할을 한다. 첫째로, 조금씩 인내를 가지고 그들 스스로 성경연구를 할 수 있도록 해 준다. 때로는 이런 식으로 지도하는 심사(深思)가 그들 스스로 혼자서 성경을 연구하도록 훈련시킬 수 있는 유일한 시간일지도 모른다.

둘째로, 이것은 다음과 같은 토론을 위한 '경기 부양책' (prime the pump)을 제공한다. 사람들은, 조그마한 강의 시간에는 교사의 입장에서는 놓칠 수도 있는 것들이지만, 그들에게 있어서는 중요한 주제와 질문을 그 본문에서 발견한다. 처음에는 사람들이 강제로 그 본문을 대하게 되지만, 머지않아 그 본문이 그들을 끌어들이게 될 것이다.

• 그룹 연구(Group investigation) : 이것은 다른 사람들에 의해 이미 잘 정리된 자료를 활용하는 방법이다. 만약에 내가 저널의 좋은 논문이나 성경 사전의 좋은 기사를 발견하게 되었을 경우, 나는 사람들을 그룹으로 모이게 하고, 그 자료를 읽게 할 것이다. 또한 그들에게 다음과 같은 질문을 던질 것이다. "이 저자에 따르면, 은혜의 정의는 무엇이겠는가?" 또는 "그 논문에 따르면, 사람들이 개인적인 외상

성 정신 장애(Personal trauma)를 다룰 때 내세우는 원칙은 무엇인 가?" 이것은 내용을 전달하는 방법이 될 뿐만 아니라, 또한 서로간의 관계를 세워나가게 하는 출발점이 되기도 한다.

• **그룹 토의**(Group discussion) : 그룹 토의는 사람들이 자료들을 예를 들자면, 강의나 그룹 연구를 통해서 이미 제공받은 후에라야 가능하다. 그룹 토의에서 그들은 그들이 가지고 있는 자료를 교환하고 함께 연구한다.

예를 들면, 교회에서의 여성의 역할에 대한 고린도전서 14장의 배경과 해석에 대해서 토론한 후에, 여성을 담임 목사로 세우는 것 때문에 어느 교회를 출교시킨 보수적인 교단에 대한 기사가 나와 있는 신문 스크랩을 가지고 와서, 그 기사에 대한 그들의 반응을 토론하게 한다.

일반적으로 그룹 토의와 그룹 연구는 소그룹 성경공부의 가장 중심부에 있는 것이다. 거기서는 성경 자체가 바로 토론 중인 특정한 기사가 되는 것이다.

• **둘씩이나 넷씩으로 나눔**(Breaking into twos or fours) : 이것은 그룹 토의의 변형된 형태이다. 나는 소그룹 모임에서 그리고 천 명이나 되는 사람들에게 말할 때 이것을 사용했다. 자기 옆에 있는 사람에게로 몸을 돌려서 삼 분에서 오 분 동안 방금 가르쳤던 것, 곧 욥기에서의 악의 문제에 대해서 무엇이든지 말을 하도록 요구한다. 그 질문은, '만약 당신에게 있어서 욥이 가장 친밀하게 느껴졌을 때가 있었다면 언제였는가' 하는 질문과 같은 것이 될 것이다.

그것은 강의 시간의 졸음에서 그들을 깨워서 다른 사람들과 연결시켜 준다. 또한, 보통 여섯 명이나 그 이상으로 나누는 것은 훈련된 지도력이 요구되는 반면에, 그것은 필요치 않다. 마지막으로, 만약 그 질문이 정말 아주 개인적인 것이 아니라면, 다른 사람들에게 바로 그러한 것을 이야기하도록 요구받는다고 해서 그것으로 인해 불쾌해하는 사람은 거의 없었다.

무엇이 훌륭한 질문을 만드는가?

당신이 본 것처럼, 내가 가지고 있는 방법들 중의 대부분은 사람들로 하여금 서로서로 이야기하도록 하는 데 기초해 있다. 그리고 그러한 것은 생산적인 토론을 이끌어 낼 수 있는 질문들을 하도록 요구한다. 수업 준비를 할 때면, 다음과 같은 훌륭한 질문들의 특징을 기억하면서, 내가 할 질문들을 조심스럽게 다듬어 나간다.

• **사람들이 대답할 수 있는 질문이다.** 이것의 의미는 사람들이 알고 있는 것에 대해서 질문해야 한다는 것이다. 예를 들자면, 그들 자신이 경험한 것에 대해서 그들은 알고 있다. 그래서 "은혜가 단지 말보다 중요하다고 처음으로 느꼈을 때는 언제입니까?"라는 질문은 "속죄에 있어서의 세 가지 원칙은 무엇입니까?"라는 질문보다 더 좋을 것이다. 후자와 같은 질문은 강의나 그룹 연구를 통하여 그들이 대답하는 데 기초가 되는 자료를 이미 준 후에라야 가능할 것이다.

또한 수업중인 사람들의 개인적인 경험을 고려해야 한다는 것을 의미한다. 수업 중인 사람들 중에 많은 여성들은 "당신은 언제 처음으로 차를 갖게 되었습니까?"라는 질문을 늘어 놓을 것이다.

• **방 안에 있는 모든 사람에게 흥미를 주는 질문이다.** 어떤 질문들은 완전히 무위로 끝나버리고 마는 데, 지나치게 쉽게 했다든지("요 3:16에서, 하나님께서 세상을 사랑하시는 것을 어떻게 알 수 있습니까?"), 또는 너무 추상적으로("사랑이 의미하는 것은 무엇일까요?") 묻기 때문일 것이다. 흥미를 끄는 질문은 참석한 대부분의 사람들이 특별한 관심을 가지고 있는 것에 손을 대는 것이다.

최근에, 여성들에게 지도력에 관한 세미나를 가졌다. 내가 알기로는, 참석한 사람들이 그 주제에 대단한 관심을 가지고 있었으므로, "오늘날 여성들의 다양한 역할들을 비교했을 때, 여성들이 가장 크게 노력하는 부분은 당신은 어디라고 생각하십니까?"와 같은 간단한 질문은 그들의 주의를 사로잡았다.

물론, 어떤 질문들은 단순히 또 다른 질문들을 제기하기도 한다. 그래서 그러한 질문들은 그 자체에는 관심이 없다. "속죄에 있어서의 세 가지 원칙은 무엇입니까?"라는 질문은 "당신이 보기에 성경 본문에 가장 충실한 것이 어떤 이론이라고 생각합니까?"와 같은 것으로 즉시 이끌어 가지 않는 한, 그러한 질문은 원래 흥미를 불러 일으키는 질문이 아니다.

• **명료하고 간결한 질문이다.** 만약 당신이 그 질문에 들어 있는 단어나 구의 뜻을 다시 정의해야 한다면, 그것은 아마도 훌륭한 질문은 아닐 것이다. "말세에 일어날 일들에 관한 요한 신학의 종말론적 조

명 하에서, 그리스도인의 책무가 오늘날에는 무엇이라고 말할 수 있
겠습니까 — 그리스도인들이 해야 하는 의무는 무엇입니까?'라는 질
문은 다음과 같이 아주 명료하게 될 수 있다. "요한에 의하면, 결국은
하나님의 뜻이 승리한다고 하는데, 그것이 우리의 삶에 어떤 영향을
줄 수 있습니까?"

• **깊이 생각하게 하는 대답을 요구하는 질문이다.** 질문이 반드시
빤한 대답을 가져야만 하는 것은 아니다. 그렇게 하는 것은 사람들을
지루하게 할 뿐만 아니라, 수업 시간만 낭비할 뿐이다. 대답을 솔직하
게 평서문으로 하게 하며 내용에 충실한 그런 질문을 하는 것이 더 낫
다. "요한복음 3:16에 따르면, 하나님께서 그 분 자신의 사랑을 세상
에 어떻게 나타내셨습니까?"라는 질문보다는, "하나님께서는 그 분
자신의 소중한 것을 주심으로써 사랑을 나타내셨습니다. 그렇다면
당신은 이번 주간에, 과연 어떤 것을 사랑의 행동으로 베풀고 있습니
까?"라는 질문이 더 낫다.

다시 말하자면, 질문을 만들어서 선뜻 사용할 수는 있다. 하지만
그 뒤에 따라오는 질문들이 그 수업을 받는 사람들과 깊은 관계가 있
어야만 한다. 사람들은 그들 자신의 경험을 끌어들이려고 하거나, 다
양한 주제를 종합하거나, 그 가르침을 자신의 생활 속에 통합하려고
할 것이다. 그래서 긍정적이든 부정적이든 또는 다양한 선택이 있는
것이든 그러한 대답을 요구하는 질문은 아주 도움을 준다.

• **사람들의 존엄함을 지켜 주는 질문이다.** 훌륭한 질문은 다음의
질문과 같이 그들이 기본적으로 가지고 있는 지식과 동떨어져 있지

않다. "남편과 아내 사이의 관계에 대한 토의를 우리는 성경 어디에서 찾을 수 있습니까?" 그러면 성경 초보자들은 즉시 성경 공부 시간에 겁을 먹게 될 것이다.

그래서 훌륭한 질문은 사람들을 당황하게 만들지 않는 것이다. 물론 사람들과 개인적으로 함께 나누기를 원한다면, 그러한 위험 부담이 있을 질문들을 할 필요가 있을지도 모른다. 하지만 그룹 구성원들을 잘 안다면, 개인적인 질문의 한계를 감지할 수 있을 것이다.

예를 들자면, 고린도후서 8장을 공부했을 때, 구제하는 것에 대해서 묻기를, "당신은 돈을 쓰는 방법에 대해서 다른 사람들과 이야기를 나눌 때에, 어느 정도 신경이 쓰입니까?"라고 질문했다. 그러한 질문은 그들이 많은 것을 드러내지 않고도 다소 솔직하게 말할 수 있도록 도와준다.

당신이 본 바와 같이, 질문을 준비하는 것은 앞뒤 가리지 않고 대강할 수 있는 것이 아니다. 질문은 내가 가르치고 있는 수업을 최상의 것으로 만들 수도 있고, 최악의 것으로 파괴시켜 버릴 수도 있다. 그래서 나는 질문을 다듬어 내는 데에 아주 심혈을 기울인다.

함께 일함

한번은 어느 반에서 계시록을 가르칠 때에, 그 중의 일단의 사람들에게 특수한 임무를 부여했다. 그것은 계시록에 기초해 있는 음악과 미술을 찾는 과제였다.

그 과목을 마칠 때에, 그들은 마지막 수업시간을 이끌 만한 충분한 자료를 수집했다. 서구 미술의 가장 훌륭한 작품을 담은 슬라이드를 보여 주며, 헨델과 같은 위대한 작곡가들의 음악을 연주하여, 새 하늘과 새 땅이 어떻게 해석되어 눈과 귀에 나타났는지를 보여 주었다. 그것은 그 과목에 대한 너무나도 장엄한 끝맺음이었다.

그런데 더욱 놀라운 일이 그 사람들에게 특히, 특수 임무 부대가 되었던 그들에게 일어났다. 그들은 그 과목이 진행되는 동안 내내 정규적으로 만났다. 심도 깊게 계시록을 연구했으며, 요한의 비유적인 묘사에 대해서 열심히 몰두하여 요한을 이해하는 데 도움을 주는 자료들을 발견해 내었다.

또한 그들은 서로를 알게 되었다. 그 수업을 시작하기 전에는 서로 간에 관계가 없었지만, 만나는 동안 그들은 성경 마지막에 있는 책에 대한 관심을 공유하게 되었고, 끝날 때 즈음에는 그리스도 안에서 친한 친구들이 되었다.

나에게 있어서 그것은 무엇을 가르칠까 하는 것에 대한 축소판이었다. 즉, 사람들로 하여금 하나님의 말씀에 열중하게 하고 서로서로 접촉을 갖게 하는 것이다. 내가 사람들이 그렇게 하도록 도왔을 때에, 내가 알기로는 그것이 바로 준비를 잘한 것이다.

요점 정리와 더 생각해야 할 Point

1. 가르치는 데 우선 필요한 태도 3가지가 당신에게 있는가 점검해 보라.

1) 사람들을 진지하게 대하는가?

2) 사람들이 그리스도인으로서 배우고 자라기를 원하는가?

3) 사람들이 참된 기독교 공동체를 경험해 보기를 원하는가?

2. 당신은 당신의 그룹에서 교육을 준비하는데 필요한 다음과 같은 3가지 질문에 어떻게 답할 수 있는가?

1) 나는 그들이 무엇을 알기를 원하는가?

2) 나는 그들이 무엇을 느끼기를 원하는가?

3) 나는 그들이 무엇을 하기를 원하는가?

3. 당신은 다음의 수업을 계획하고 교육 방법을 선택하는 데 있어서 어떤 특별한 노하우가 있는가?

1) 강의

2) 개인적인 연구와 심사

3) 그룹 연구

4) 그룹 토의

5) 둘씩이나 넷씩으로 나눔

제 3 장

가르치기 위한 자기 준비

주님의 메시지가 흠집이 나거나 방해받는 것을 원하는 사람은 아무도 없을 것이다. 그러나 주일 아침 때로는 설교단에 올라서거나 강단에 서서, 많은 이유가 있겠지만, 앞뒤도 맞지 않고 준비도 잘 하지 않은 메시지를 전하거나, 어느 방향으로 이끌어 가야 할지도 모르면서 성경공부를 인도한다.

그런 설교나 성경공부의 징후는 다양하다. (a) 본문을 얕게 파악한 데 기인하는 진부한 상투어구의 사용, (b) 인간의 타락에 대하여 성경이 중대하게 가르치는 것을 쉽게 가르치는 데 기인한 흐릿함, (c) 본문이 함의하고 있는 초점을 벗어난 데 기인한 무감동. 그러나 징후야 어떻든 간에 그 원천은 종종 똑 같은 데 있다. 즉, 준비성의 부족이다.

이러한 결점들은 교정할 수 있다. 특별히, 나는 주일 아침 두서없이 가르치는 것을 피하기 위해서 그 주간 동안 세 가지에 능통하도록 계발시킨다. 그것은 바로 본문에 능통함, 사람들에 능통함, 그리고 계획에 능통함이다. 이것을 설명하기 위해, 내가 어떻게 설교를 준비하는지를 보여 주겠다. 그리고 그것이 바로 나에게 있어서는 가르침의 주요 골자이다.

본문에 능통함(Textual Fluency)

본문에 능통하다는 것은, 나에게 감화를 끼칠 만큼 성경 말씀을 철저하게 아는 것을 의미한다. 그리고 본문에 능통하다는 것은 성경 본문 자체를 이해하는 것에서부터 제자도를 함축하여 설교하는 것에 이르기까지의 노정을 요구한다. 나는, 설교할 모든 본문에 대해서 다섯 가지 질문으로 다섯 단계를 취한다.

첫 번째, 어휘 연구와 같은 기술적인 질문이 있다.

씨 에스 루이스(C.S. Lewis)는 말하기를, "나에게 그 어려운 단어가 무엇을 의미하는지를 말해 주시오"(그것이 최초로 사용되어졌을 때, 어떤 배경을 가지고 있었는지를)라고 하였다. 그는 주장하기를, 천 권의 주석보다 어휘 사전이 더 유익하다고 하였다. 결국 본문은 단어로 구성되어져 있다.

두 번째는, 역사적인 작업이다.

본문을 본문 자체의 배경 속에서, 즉 자료 그 자체 속에 있는 그리고 자료 배후에 놓여 있는 역사적인 배경 속에서 보아야만 한다. 예를 들면, 역사적인 연구에는 누군가가 언급되어졌을 때, 그가 누구인지를 아는 것도 포함될 것이다. 세례 요한은 누구인가? 바리새인은 누구인가? 또, 사두개인은 누구인가?

그 자료 배후에 있는 역사적인 질문을 발견하기 위해서는, 예를 들면, 어떠한 문제로 인해 바울이 디모데에게 편지를 쓰게 되었는가를 깨닫는 것이 필요하다. 혹, 요한복음과 같은 경우에는, 왜 요한은 세례 요한이 메시야가 아니라는 것을 설명하기 위해서 그의 복음서 초두 부분을 세 번씩이나 중단시키고 있는 것일까? 세례 요한의 정체성이 그 당시에 있어서 주요한 논쟁거리였는가? 하고 물어 볼 수 있을 것이다.

세 번째 질문은 신학적인 것이다.

만약 그것이 말하고 있는 바가 그러하다면, 그것은 과연 무슨 의미일까? 이것은 어떤 해석을 요구하는 데, 긴 노정에 있어서 아주 역동적인 부분이다.

예를 들면, 탕자의 비유가 아들이라기보다는 아버지에 대한 이야기라고 정한다면, 그것은 바로 신학적인 평가이다. "이것이 바로 그가 암시하고자 하는 것이다"하고 나는 말한다. 물론, 배우는 사람으로서 신중하게, 내가 가지고 있는 편견을 대조하는 식으로, 신학자들과 주석가들이 수 세기에 걸쳐 어느 본문에 대해 무엇이라고 말했는지를 비교해야만 한다.

네 번째 단계는, 그 당시와 관련된 질문이다.

"자, 그리스도의 강조점이 예수님 당시의 세계상과 그 당시의 사람들에게 어떠한 충돌을 불러 일으켰을까?"하고 나는 질문한다. 탕자비유에서, 예수님께서 민중들과 함께 먹고 마시는 것에 대해서 예수님과 바리새인 사이에서 발생했던 충돌을 본문 속에서 볼 수 있다.

그러한 점에서, 본문에 대해서 생각하고 질문을 해 본다. 바리새인들이 어떤 반응을 보였을까? 그들은 누구를 동일시했을까? 예수님께서 큰 아들을 바리새인들과 동일시했다는 것에 대해서 그들은 어떻게 느꼈을까? 그러한 충돌이 어떻게 그리고 왜 일어났는지를 이해하기 위해서 — 소위 어떤 비평가들이 청중 비평이라 부르는 — , 이제 나는 1세기 사람의 피부 깊숙이 들어가야 한다.

사실, 내가 고대 역사에 대해서 좀 알면 알수록, 나는 그것을 더욱 더 잘 이해할 수 있다. 바울과 동시대 사람인 네로와 그가 황제로서 통치하던 시대의 역사적 상황을 알면 알수록, 바울이 빌립보서에서 로마 사람들에게 말했던 것을 잘 이해할 수 있다. 고대 유대인들의 문화에 대해서 잘 알면 알수록, 바리새인들에 대한 언급들을 더 잘 이해할 수 있다. 그러한 연구는 기대 이상의 것을 많이 제공한다.

마지막 단계는 제자도에 관한 질문이다.

나는 본문에다 나 자신을 개인적으로 그리고 대표적으로 적용시킬 것이다. "이 본문은 나에게 무엇을 말하고 있는가? 그것과 내 생활은 어떻게 모순되는가? 내가 변화 받도록 도전을 주는 부분은 어느 것인가?" 하고 물어보아야만 한다.

위의 것들은 내가 설교를 하거나 가르치기 위해서 준비할 때 취하는 연구 과정이다. 분명히 그 과정은 시간과 노력을 요구한다. 하지만 나는 그 두 가지를 세 가지 위험을 피하기 위해서 기꺼이 투자한다 :

• **부정확함**. 연구를 하면, 메시지를 절름발이로 만드는 역사적인 언급들에 대한 실수를 막을 수 있다. 만약 내가 비행기에 대한 예화를 들면서 부정확한 어떤 내용을 말한다면, 청중들 중에 비행기 조종사나 비행기에 취미를 가지고 있는 사람들은, 그것 외에 내가 말하는 다른 모든 것에 대해서도 격하시킬 것이다.

성경에 있는 자료를 사용할 때에도, 또한 반드시 정확해야만 한다. 왜냐하면 (1) 성경이 그럴 만한 가치가 있고, (2) 내가 인생 여정을 나와 함께 가자고 요청하고 있는 사람들이, 그럴 만한 가치가 있다. 그래서 나는 마치 의사가 약을 조제할 때에 부주의하게 하지 않겠다고 약속하는 것처럼, 정확하게 함을 통하여 전문인으로서의 약속을 완수하여 그들을 존중한다.

• **지루함**. 연구를 하면, 유용한 절박감을 부채질한다. 중대한 연구를 한 후에야 비로소 자료 그 자체는 당신의 마음을 사로잡을 것이다. 몇 년 전에, 교육 연구팀은 십대의 학력 적성 검사(SAT) 점수를 높

이는 요인들을 발견해 내려고 노력했다. 그들은 그렇게 하게 하는 한 가지 독특한 변수를 찾았다. 그것은 바로, 교사들 자신이 가르치는 과목이 중요하다고 믿고, 그들이 가르치는 과목에 대한 이해 없이는 학생들이 좋은 성적을 얻을 수 없을 거라고 느끼는 교사들에게 그 이유가 있었다. 교재에 대해서는 잘 알지 모르지만, 당신이 그것을 배우려고 할 때는 별로 관심을 가지지 않는 교사들이나, 단지 제 시간에 제출하는 흠 잡을 데 없는 레포트는 원하지만, 진실한 배움은 애써 찾으려 하지 않는 엄격한 원칙주의자들은 교육 효과가 적다. 내가 분명히 확신하는 것은, 성경은 평가할 수 없을 정도로 귀중한 자료라는 것이다. 내 경험에 비추어 볼 때, 복음은 시간의 흐름 속에서도 여전히 진리로 남아 있으므로, 성경이 1세기의 세계와 충돌을 일으켰다면, 20세기의 세계와도 마찬가지이다.

• **복음을 제한함.** 제자도를 함축하고 있다고 분명히 말할 수 있는 어떤 말씀들을, 조급한 결정으로 인해 그 부분을 잘라 내어 버리게 되는 것을 원하지 않는다. 예를 들자면, 선한 의도로 어느 목사님 한 분이 "나는 사람들에게 하나님께서 그들을 사랑하신다고 말하기를 원한다"라고 말해 놓고는, 단지 토요일 밤에 그 직관력을 뒷받침하기 위해 지지하는 구절들을 찾는다. 하지만 종종 그가 찾은 그 말씀들은 그 직관력을 뒷받침하지 못할 때가 많다. 그럼에도 불구하고 메시지 속에 억지로 틀어 넣는다.

이러한 접근은 온전한 복음을 주지 못하고 어길 따름이다. 그러나 내가 학습자 스스로 본문에 대해서 발견할 수 있도록 도운다면, 그들은 본문이 실제적으로 말하는 것을 볼 수 있을 것이다. 그들은 나 때문에 예측할 수 없었던 다른 방식을 취하여, 심지어 나보다 더 많은 것들을 발견할 수 있을 것이다. 왜냐하면, 단지 내 신학대로가 아니라, 그들이 본문을 상세히 조사할 수 있기 때문이다. 이것은 내가 본문에 능통할 때에라야 생길 수 있다.

사람들에 능통함(People Fluency)

어떤 목회자들은 설교를 준비하는 과정의 초기 단계에서 일하는 것은 좋아하지만, 그 전체적인 의미가 무엇인가 하는 데에는 결코 관심을 갖지 않는다. 그들은 그리스어 단어 연구를 통하여 우리를 어리벙벙하게 만들 수는 있겠지만, 내포하고 있는 제자도에는 결코 이르게 할 수 없다.

잘 알려진 일이지만, 그 본문이 무엇을 말하고 있는지 항상 하던 이야기를 함으로써, 아마도 본문 속에 숨으려고 할지도 모른다. 왜냐하면, 그것이 무엇을 의미하는지에 특별히 유의하지 않는 한, 사실 그 본문 말씀은 나 자신이나 그 밖의 누구에게라도 결코 부담을 주지 않을 것이다. 그러면 나는 신경 쓸 일이 거의 없다. 편안하게 거리를 두고는, "한편, 칼빈은 이렇게 말했습니다. 반면에, 루터는 저렇게 말했습니다. 불트만은 이런 식으로, 그리고 바르트는 저런 식으로 전개했습니다"라고만 할 것이다. 하지만 그렇게 한다면 성경은 나와 당신에게 무슨 상관이 있는가? 우리는 무엇을 하고자 하는가?

거기에서, 사람들에 능통해야 하는 것 — 나 자신과 가르치는 사람들을 이해하는 — 이 시작된다. 계속해서 듣고 있음으로써, 그들의 마음속에 가지고 있는 의문점들과, 그들의 고향이 어디인지, 생활 속에 어떤 일이 일어나고 있는지를 나는 이해할 수 있다. 사실, 지도력 있는 청취자가 될 때에만, 지도력 있는 교사가 될 수 있다.

예를 들면, 나는 십대와 함께 있을 때, 무엇이 그들의 문화에 동기를 부여하고 자극하는지를 이해하려고 노력했다. 그것들은 때때로 나에게 이상해 보였기 때문에, 나 자신을 그런 것들과는 거리를 두고 관계를 끊어야 한다거나, 심지어 너무나도 성급하게 경멸하거나, 비평해 버리려는 유혹을 받는다. 하지만 나는 배우는 사람의 자세를 취하려고 노력한다. 십대들이 어떤 새로운 음악에 대해 자랑을 하고 있을 때, 나는 자문해 본다. 그들을 저 음악으로 향하게 하는 것은 과연 무엇일까? 그들은 그것을 들을 때에 무엇을 느낄까? 그들은 왜 저 그룹 사운드를 좋아할까?

지도력 있는 청취자는 듣기는 속히 하고, 말하기는 더디 한다. 예를 들면, 혼잣말로 "이건 정말 지루하군" 하면서 폐쇄적인 자세로 오페라에 참석할 수 있다. 하지만 배우는 자의 자세로, '무엇이 이태리 사람으로 하여금 이러한 오페라를 그토록 사랑하게 만드는 것일까? 하며 참석할 수도 있다. 지도력 있는 청취자는 주의해서 듣고 관찰하기 위해 기다릴 줄 안다.

나는 아주 많은 상황에서 이러한 방법을 실행해 보았다. 열차 정거장이나 공항에서, 나는 사람들이 말하고 있는 것과 밀접하게 그들이 무엇을 읽으며, 듣는지를 주목하고 본다. 사람들이 격찬하는 영화를 보면서도, 무슨 이유로 그들이 그렇게 주목할 만한 영화라고 하는지를 알아내려고 노력한다. 어떤 가치 체계가 그들을 사로잡고 있을까?

내가 함께 나누고 싶은 아주 훌륭한 교재를 가지고 있거나, 나의 청취자들에게로 나아갈 수 있는 통로를 발견하려고 노력할 때, 그들이 묻고자 하는 질문들과 그것을 어떠한 방법으로 질문할지를 아는 것은 필수적이다. 사실, 새로운 질문은 없다. 단지 고대에 있던 질문들이 새로운 방법으로 나타난 것뿐이다. 그래서 그들이 어떻게 질문하는지에 귀를 기울여야만 한다. 그래야만 내가 가르치는 사람들을 위하여, 그 본문을 가지고 질문할 수 있다.

계획에 능통함(Schedule Fluency)

나는 한 가지 신화를 타파하고자 한다. 내가 믿기로는, 목회자들은 최고의 전문성보다는 시간에 대한 선물을 부여받았다. 주일 아침을 제외하고는, 목회자들은 교회에서 그 주간에 일어나는 대부분의 사건들에 영향력을 행사할 수 있다. 교인들이 우리와 약속을 할 때, 특별 성경 공부반을 개설할 때, 그리고 외부인과 이야기할 때에 대부분 우리가 조정한다. 단지 이것이 우리에게 자유로운 시간이 많다고 하는 의미는 아니지만, 만약 결정해야 하는 일이 있다면, 한 주간의 계획을 우리가 세울 수 있는 권한은 있다는 것이다.

언제나 배우는 사람이 되기 위해서는 (그리고 나의 사상의 건전함을 위해서는), 매일마다 특별한 것이 필요하다는 것을 알았다. 나는 한 쪽에서는 애를 쓰면서, 다른 한쪽으로는 줄여 준다. 한편으로는 사람들과 서로 나누고, 또 다른 한편으로는 물러난다. 그러한 리듬으로 나는 연구하는 시간을 확보해 놓을 수 있다. 하지만 매일마다 마구 뒤섞여진, 동일한 일을 하게 될 때에는, 결코 균형을 맞추려고 하지 않을 것이다. 그러한 때에는 내가 소진(消盡)되어질 따름이기 때문이다.

나에게 있어서 특징적인 것은, 내 생활을 일주일이라는 단위로 본다는 것이다. 하루에 대해서 조화롭게 말하기는 힘들다. 그리고 일 년이나 한 달은 단어조차도 생각하고 싶지 않다. 그러한 것들은 너무 길다. 하지만 성경적인 모델이기에 일주일이라는 기간은 나의 마음에 맞다. "육일 동안 일하고 하루는 쉴 것이니라."

월요일, 나는 교회 위원회를 열고, 교회 주보 칼럼란을 쓰고, 편지를 쓰고, 개인적인 만남을 갖는다. 화요일, 직원들과 함께 있는다. 수요일, 성경 공부와 기도 모임을 갖고, 읍을 지나 성인 성경 공부반을 가르치러 간다. 목요일 아침, 다음 주일 설교 준비를 마친다. 목요일 오후와 금요일(나에게는 휴일인 토요일도)은 다른 것으로부터 침해받지 않는 시간이기 때문에 그렇게 할 수 있다. 지난주 목요일 오후에 이번 주의 설교를 미리 찾아 놓았고, 금요일에 개략적인 연구는 이미 해 놓았다.

설교와 같이, 아주 중요한 것에 대한 마감 시간을 앞당겨 놓는 것은, 사실을 왜곡시켜 버리게 하는 긴급함이라는 횡포로부터 나를 벗어날 수 있게 해 준다. 토요일까지 목회자들이 설교 준비하는 것을 미루어 두고 있다면, 미완성인 설교로 인해 그 주간 내내 신경 쓰일 것이다. 뿐만 아니라, 이것은 철저한 연구를 빼앗아 버린다. 그러므로 한 주 반 정도 일찍, 주일 설교 준비를 시작하여, 목요일 정오가 되기 전까지 마친다.

이렇게 하면, 금요일은 자유롭다. 금요일, 나는 「레미제라블」이나 씨 에스 루이스(C.S. Lewis)의 최근에 나온 책이나 요한복음에 대한 신간 주석을 읽을 수 있다. 다 마쳐지지 않은 설교가 머리 속에 불쑥 불쑥 튀어나온다면, 이렇게 할 수 없을 것이다.

뿐만 아니라, 이렇게 하면, 한 주간 일찍 내가 말하려고 하는 것을 알 수 있다. 내가 그것을 알 때에는, 언제나 오늘보다 더 낫게 설교하고 가르칠 수 있다. 매 번 설교에 쓸데없는 말을 삽입하지 않아도 된다.

그래서 이번 주일 설교 본문에 대한 마무리를 지은 후에, 즉시 다음 주에 대한 준비를 시작하여 그 다음 주에 말하려고 하는 모든 것을 실제로 알고 있는 상태에서 주일날 강단에 올라간다. 그렇게 하면 아주 엄청난 자유를 누릴 수 있다.

나는 한 주간 동안 리듬을 가지고 산다. 그러면 그것은 본문과 사람들에 대해 능통하도록 만들어 준다.

능통하게 되기 위한 대가를 지불함

나는 내가 연구를 할 수 있을지를 결코 물어보지 않는다. "내가 책들을 참고해도 될까요?" 하고 의사가 환자에게 물어보는가? 오히려 연구하는 것은 필수적인 것이다. 신약 신학자인 고든 피(Cordon Fee)는 언젠가 목회자들 모임에서 우리에게 다음과 같이 말한 적이 있다. "우리는 명확하게 말할 수 있는 가장 훌륭한 이야기를 가지고 있다. 우리는 이것을 직감적으로 느끼고 있으며, 그래서 그것은 철저하게 연구할 가치가 있음을 또한 알고 있다."

그럼에도 불구하고, 우리는 회중(會衆)의 도움 없이는 계획에 능통함 ― 그리고 본문에 능통함과 사람들에 능통함까지도 ― 을 성취할 수가 없다. 그렇지만 만약 특별히 "대가를 지불하는" 데 우리가 관심을 기울인다면, 우리가 목회에서 가장 중심적인 것이라고 생각하는 것에 대해서, 사람들은 자유롭게 허용할 것이다.

목회에서 우리가 필요로 하는 것과 교회에 유용한 것을 하기 위해서는, 우리가 반드시 권리를 획득해야 한다. 차가인(借家人)은 집을 사용하기 전에 임대료를 지불한다. 그렇지 않다면, 계속해서 어깨 너머로 집 주인을 넘겨다 볼 것이다. 그는 임대료를 지불한 후에야, 편안해질 수 있다. 그 후, 그 곳에서 그가 원하는 것이라면, 어떤 것이라도 할 수 있다. 그와 마찬가지로, 목회자는 목회의 본질적인 것을 추구하는 자유를 위해서 최소한 네 가지의 대가를 지불해야 한다.

● **사람들이 우리가 본문 말씀을 알고 있으며 그것의 영향 하에 있음을 알게 해야 한다.** 의사가 약을 처방하는 법을 알고 있다고 환자가 확신하지 않는 한, 그 환자는 그 의사가 자신의 병을 치료하는 것을

허락하지 않을 것이다. 그렇지 않다면, 그 환자는 의사의 모든 행동을 주시하며, 그가 말하는 모든 말에 대한 정확성을 의심하면서 신경질적으로 반응할 것이 다.

목회자는 반드시 성경에 정통해야 하며 그것을 명료하게 선포해야만 한다. 뿐만 아니라, 우리의 삶은 말씀의 영향 속에 있어야 하며 말씀과 일치해야 한다. 바울은 에베소서와 빌립보서에서 말하기를, "너희가 복음에 합당하게 살기를 원한다"라고 하였다. '합당한' 에 해당하는 그리스 단어는 "일치하는" 이라는 뜻이 또한 있다. 우리는 완벽해야만 하는 것은 아니지만, 우리의 삶이 그 메시지를 확증해 주고 있다고 사람들이 느낄 수는 있어야 한다.

• **사람들이 우리가 성장하고 있음을 느끼게 해야 한다.** 만약 그렇지 않다면, 그들은 우리를 염려하면서, 역설적이지만 연구할 시간을 적게 주려고 할 것이다. 그들은 우리가 컨디션이 나빠져서 쇠퇴일로에 있기 때문에, 우리를 가르치려고 주위를 맴돌기 시작한다. 그들은 그들이 지불하고 있는 것에 대한 보상을 기대한다. 하지만 성장하는 것을 보면, 그들은 우리를 성장하게 하는 것이 있다면 그것이 무엇이라 하더라도, 오히려 더 많이 하기를 원한다. 그들은, "목사님, 목사님께서 하시는 일이라면, 그것이 무엇이라 할지라도 계속 하시기를 바랍니다." 하고 말할 것이다.

• **사람들이 우리가 열심히 일하고 있음을 알게 해야 한다.** 우리가 사역에 대한 계획표를 공식적으로 발표할 필요는 없다. 왜냐하면 우리가 열심히 일하고 있을 때의 대부분의 시간은 교인들이 알아채거

나 느낄 수 있기 때문이다. 우리의 행동과 처신을 통해서, 그들은 활력을 느낀다. 그들은 정당한 사례에 대한 정당한 결과를 감지한다. 물론, "나는 이렇게 열심히 일하고 있다"라고 떠들어대는 목회자가 되라는 것은 아니다(게다가, 교인들도 일벌레가 되는 것은 종종 말릴 것이다). 단지 그들은 목회자가 그들의 노를 젓고 있다고 하는 사실을 느낄 뿐이다.

• **사람들이 우리가 그들을 사랑하고 있음을 알게 해야 한다.** 목회자가 교인들을 좋아하며, 그들을 소중히 여긴다는 것을 보여줄 때, 그들은 그 목회자를 지지한다. 만약 그 목회자가 그들을 위한다는 사실을 확신한다면, 그들은 그가 본문에 능통하고 사람들에 능통할 수 있도록 시간을 할애해 줄 것이다.

나 역시도, 사람들의 이름을 아는 것과 그들과 함께 있을 때 그들에게 완벽한 주의를 기울이는 것과 대체할 만한 것은 아무것도 없다. 나는 내가 필요한 모든 시간과 모든 장소에 있을 수 없다. 하지만 내가 그들과 함께 있을 때는, 나는 정말로 그곳에 있어야만 한다. 교회란, 실재(實在) 장소에 있는 실재 사람들이다. 그래서 목회자는 그 장소에 있는 실재적인 사람이어야만 한다.

십대 전과 십대에 있는 청소년들은, 특별히 성인들이 그들을 이용해 먹으려고 하는 것인지 아니면, 오직 자기들을 이해해 주려고 하는 것인지를 구별할 줄을 안다. 말할 때 심오한 단어를 섞어서 하는 것은, 그렇게 필수적인 것은 아니다. 그러나 그들의 이름과 개인적으로 그들을 아는 것은 중요하다.

언젠가 노르만 메일러(Norman Mailer)가 글 쓰는 것에 대한 주제로 뉴욕 타임즈 지(誌)에 기고한 것을 하나 읽었다. 그는 그가 쓴 최고의 걸작들이 역설적이지만, 무미건조할 때에 이루어졌음을 관찰했다. 그것은 무미건조할 때, 더욱 많은 연구를 하게 되었고, 그래서 최고로 눈부신 결과가 나타났던 것이다.

어떤 주어진 상황 속에서, 사람들에, 본문에, 계획에 아주 능통하려는 것은 도달할 수 없는 목표처럼 느껴질 수도 있다. 하지만 바로 그 시간이 우리가 진심으로 능통하게 될 수 있는 때이다. 왜냐하면 그때가 바로 우리가 생각하는 것보다는 훨씬 더 유창한 말솜씨와 유능한 것을 생산하는데 근접해 있기 때문이다.

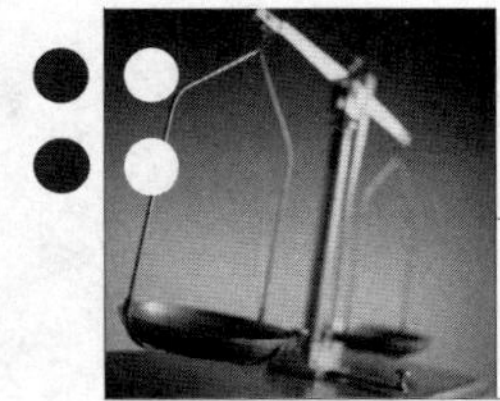

요점 정리와 더 생각해야 할 Point

1. 당신은 가르치기 위한 자기 준비에서 능통한지 점검해 보라.

1) 본문에 능통함

2) 사람들에 능통함

3) 계획에 능통함

2. 당신은 능통하기 위해 어느 정도의 대가를 지불하고 있는가?

1) 본문 말씀을 제대로 알고 있는지

2) 성장하고 있는지

3) 열심히 일하고 있는지

4) 사랑하고 있는지

2부

교회 교육의 과제

제 4 장

모두가 똑 같이 배우는 것은 아니다

존은 매일마다 하루에 여덟 시간씩 마루에 타일을 깔아주는 일을 한다. 그는 대단한 독서가는 아니지만, 배우는 데 열심이며, 내가 가르치려고 하는 반에서 무엇인가를 얻고자 하는 사람이다.

피터는 적극적이고 강압적이며 약간 잘난 척하는 변호사이다. 그는 책은 많이 읽지만, 회의적인 태도를 가지고 있다. 사실, 그는 만약 이번 성경 공부에서도 흥미를 얻지 못하면, 아마도 다른 사람들을 더 이상 귀찮게 하지는 않을 것이라고 단언했다.

조앤의 남편은 몇 달 전에 죽었다. 그래서 그녀는 지금 페니에서 점원으로 일하면서 두 아들을 키우고 있다. 이것은 25년 동안 처음부터 쭉 가지고 있었던 직업이다. 그녀는 자신이 조금 더 나은 어떤 것을 할 수 있을 것이라고 생각지 않는다. 그리고 그녀는 절대적인 무력감을 느끼고 있다.

마이클은 작지만 자기 회사를 하나 가지고 있다. 그는 시간에 꼭 붙들려 살면서 시간에 대한 압박과 세금에 대해서 경박하게 말하지만, 그게 다 회사가 잘 되게 하기 위해서임을 알고 있다. 그러나 직업 외에 무슨 관계를 맺는 것에 대해서는 모호한 죄책감을 느끼고 있다.

이런 그리고 더 많은 종류의 사람들이, 교회에서 성경 공부를 이제 시작하려고 하는 내 앞에 앉아 있다. 그 주제에 대한 어떤 모호한 흡인력인, 로마서 성경 공부만이 그들을 하나로 묶어놓고 있다. 잠시 동안 나는 실의에 차 있다. 이런 개개인들이 하나의 관심사와 하나의 상황을 가지고 나에게로 온다. 내가 그들 모두에게 전하는 것이 어떻게 가능할 수 있을까?

이런 엄청난 다양성은 교사들을 가장 겸손하게 만드는 현실 중의 하나이다. 그래서 몇 년이 지나면서, 학생들의 그토록 다양한 삶을 알기 위해서는, 점점 성령께 의존하게 된다는 것을 배웠다. 또한, 하나님의 은혜로, 약간의 가르치는 기술들을 가지고 그 다양성 속에서도 설교할 수 있음을 배웠다.

성경 공부 시간에서의 다양성은 두 가지 유형이 있다. 그리고 우리는 반드시 둘 다에 관심을 가져야만 한다. 첫 번째는, 사람들이 다양한 방법으로 배운다는 것이다. 어떤 사람들은 강의에 몰두하고, 어떤 사람들은 자신이 그것에 대해 말해보기 전까지는 기억할 수 없으며,

어떤 이는 책을 통해서 얻고, 어떤 이는 그렇지 않다. 어떤 사람들은 창조적이어서 상징에 의한 자신의 상상력을 사용하여 배우고, 또 어떤 사람들은 기계적으로 고스란히 외는 것을 통해서 안심할 수 있다.

두 번째는, 사람들이 공부하러 올 때에, 감정적인 그리고 영적인 관심사에 있어서 다양하다는 것이다. 어떤 사람들은 정말 그리스도를 찾기 위해 오고, 어떤 이는 당연히 그리스도로 받아들이며, 또 어떤 이는 기독교에 대해서 아직까지 점검하는 상태에 있기도 하다.

학급 안에 존재하고 있는 감정적인 그리고 영적인 관심사의 다양성을 내가 어떻게 다루는지를 보여줌으로써 시작하겠다.

필요를 전망(展望)으로 둠

학급 안에 있는 다양한 필요들로 인해 내가 당황하기 전에, 나는 사람들의 관심을 미래의 전망으로 이끈다. 이러한 일은 특별히 기도하면서 세 가지 사실들을 상기할 때에 일어날 수 있다.

• **오직 하나님만이 사람들의 참된 필요를 아신다.** 오직 하나님만이 인간이 어디 있는지를 아신다. 오직 하나님만이 사람의 마음을 감찰하신다. 이것은 두 가지 사실을 의미한다.

첫 번째는, 사람들의 참된 필요에 민감하도록 하시는 하나님을 끌어들일 수 있다.

그것은 바로 내가 가르치는 반을 위하여 기도해야 한다는 것을 의미한다. 한 사람 한 사람 내가 가르치는 반을 위해서 기도한다는 것은, 단지 그들을 하나님께로 성숙시키는 것뿐만 아니라, 내가 그들의 상황에 민감하도록 해 준다. 내가 그들을 "볼 수 있도록" 도와줌으로써, 내 마음 속에 그들이 실재하는 사람들로 새겨진다. 내가 헬과 수잔과 조안과 브라이언을 가르치는 것처럼 반을 가르치지 않는다.

두 번째는, 내가 기도에 침잠할 때에, 사람들의 개인적인 필요에 대해서 알지 못함에도 불구하고, 행동하시는 하나님을 신뢰하기 시작한다.

현재의 모든 필요를 알아내려고 미친 듯이 애쓸 필요는 없다. 물론 일반적으로, 내가 대화나 면담이나 또 그와 같은 것들을 통해서 알 수 있는 만큼은 알아야 한다. 하지만 결국 사람들에게 있어 필요한 모든 것을 안다는 것은 불가능하다는 것을 깨달아야 한다.

사실, 하나님께서는 나의 생각과 계획을 자주 인도하신다. 그래서 나는 심지어 그 모임에 참석하는 사람들의 필요들을 번번이 알지 못하고서도 끝낸다. 모든 교사들은 수업 후 사람들이 "당신은 그것을 어떻게 아셨습니까? 저에게는 그것이 참으로 적절했습니다."라고 말하면서 그들에게 다가오게 하려고 애쓴다. 그것은 내가 수업을 준비하기 전에 기도를 아주 많이 했을 때에는 더욱 그렇다.

• **누군가는 하나님을 찾고 있다.** 여러 해를 지나면서 내가 배운 것은, 그 학급이 자포자기한 것처럼 보이든지, 또는 헌신적인 것처럼 보이든지 간에, 누군가는 하나님에 대해서 중대한 결단을 내리고 있는

중이라는 것이다.

어느 성경 공부반에서, 나는 학교 선생님과 즐거운 시간을 보냈다 ; 그녀는 참석자 중에서 가장 활동적인 사람 중의 한 사람이었다. 몇 달이 지난 후에, 한번은 개인적인 대화를 하면서 알게 되었는데, 그녀가 성경 공부반에 들어올 때에는 스스로를 그리스도인이라 생각하지 않았다는 것이다. 그녀는 결코 성도가 되려는 마음이 없었는데, 그 이유는 그녀가 "교회에 관심을 갖지" 않았기 때문이며, 진짜 이유는 그리스도와의 개인적인 만남을 느껴 보지 못했기 때문이었다. 그녀는 그 문제를 가지고 수차례 기도했지만, "아무 일도 일어나지 않았다. "그녀는 하나님께서 조금이라도 개입하시기를 소망하면서, 내 성경 공부반에 앉아 있었던 것이다.

그러한 통찰력은 더 깊은 대화로 이끌었고, 참석자들이 당연히 믿음을 가지고 있는 것으로 간주하지 않아야 한다는 것을 일깨워 주었다.

• **누군가는 지금 막 하나님을 포기하려고 하고 있다.** 내가 가르치면 가르칠수록 더욱 확신하게 되는 것은, 그 교실 안에 있는 누군가는 인생에 계속 패배하고 있다는 것이다. 누군가는 그들의 결혼 문제나 고집불통인 아들 때문에 깊이 염려하고 있다 ; 아마도 누군가는 막 직업을 잃어버렸다. 어떤 이유이든 간에, 누군가는 마치 하나님이 계시지 않은 것처럼 느끼면서, 이번이 그 모든 것을 포기해야 하는 시간이 아닐까? 하고 생각한다.

전에 내가 가르쳤던 어느 목사님이 말하기를, 교회 내에서 활동적이었던 사람이, 시간이 지날수록 교회의 뒷좌석으로 물러나 점점 뒤로 가서 앉다가, 결국에는 더 이상 나오지 않는 것을 목격했노라고 말했다. 그들은 결국 교회가 그들의 생활과 관련되는 도움을 주지 못하고 있다고 생각하고는 교회 다니는 것을 포기해야겠다고 결정한 것이었다.

그래서 나는 내가 가르치는 사람들 중에서 마지막 벼랑에 서 있는 한 두 사람에게 민감하게 해 달라고 계속 기도한다.

• **대부분의 사람들은 영적으로 관심을 가지고 있다.** 어느 학급이나 다 단지 아내의 강요에 못 이겨서 참석한 남편과 같이 따분해 하는 사람들이 있다. 그들은 내가 서론을 끝내기도 전에 잠이 들어서 결론을 말할 때 깨어 난다. 또 다른 몇몇 사람들은 참석하는 것이 종교적인 일이기 때문에 성경 공부반에 있을 뿐이고, 하나님에 대해서는 그다지 중요한 관심을 가지지 않는다. 그들은 단지 의견들을 검토하고 있을 뿐이다.

물론 나는 이러한 사람들을 그리스도께로 향하도록 주의를 환기시키기를 원한다. 그러나 그들이 그 성경 공부반에서 단지 아주 작은 부분을 차지하고 있음을 또한 깨닫는다. 나는 그 성경 공부반을 이끌어 나감에 있어서 서너 명의 무관심한 사람들에게 초점을 맞춤으로써, 그들의 신앙에 중대한 관심을 가지고서 하나님과 관련을 맺고 있는 열다섯 또는 스무 명의 사람들을 놓치고 싶지는 않다.

그래서 나는 준비할 때에 스스로 이렇게 질문해 본다. 이번 주간에 누가 내가 하는 것에 대해서 가장 잘 반응할 것 같은가? 그리고 나서 나는 그 사람들을 가르친다. 싫증 나 있는 사람들에 대해서도 생각한다. 그리고 그들을 다양한 방법으로 수업에 끌어들이려고 애를 쓴다. 하지만 그들이 수업에 횡포를 부리도록 내버려 두지는 않을 것이다.

전체를 다루는 예화들

수업 중에 모든 관심사를 접해 보고 알아내지 않고서도 아주 다양하게 설교할 수 있다. 물론, 과목 그 자체는 성경 주해든 주제 연구든 간에 수업에 나오는 사람들의 필요 중 많은 부분에 해답을 줄 수 있다. 하지만 천차만별로 다양한 사람들에게 접근할 수 있는 확실한 다른 방법은 예화를 효과적으로 사용하는 것이다. 이것은 몇 가지 사실을 의미한다.

• **현실적인 상황을 사용하라.** 만약 인간의 현실적인 상황을 예화로 든다면, 사람들의 다양함에 연관지을 수 있을 것이다. 나는 가상적인 예화는 사용하지 않는다- "내가 만약 해고된다면, 나는…." 왜냐하면 비록 적절한 적용이라 할지라도, 그러한 예화는 그들의 마음속에는 결코 와 닿지 않을 것이다. 테레사 수녀나 빌리 그래함과 같은 사람들의 극적인 예화를 사용하지도 않는다. 왜냐하면 그들의 상황은 내가 가르치는 사람들의 상황과 같지 않기 때문이다.

나는 교인들의 생활에서 나오는 예화를 사용하기를 좋아한다. 만약에 증인됨에 대하여 가르치고 있다면, 이 사람들에게 실제적인 증인됨이란 무엇일까 하고 자문해 본다.

예를 들자면, 어느 반에서 한 여인에 대해서 말했다. 그녀는 이웃 집의 나이 많은 여인에게 관심을 가지기 시작해서 매일마다 점심을 가져가고, 그녀를 위해서 쇼핑을 봐주는 일도 하였다. 그래서 마침내 는 그 여인 옆에 앉아서 성경을 읽어 주게 되었다. 그녀는 그 나이 많 은 여인이 약 이삼십 년 전에는 교회에서 활동적인 사람이었음을 알 게 되었다. 그리고 이제는 서서히 그 여인에게 믿음을 세워 줄 수 있 었다.

물론 때때로 나는 비밀을 지켜 준다는 신뢰감을 깨지 않기 위해서 구체적인 내용은 바꾸어야 한다.

• **사회적으로 분석하라.** 위에서 든 예는 많은 여성들에게는 공감 이 가겠지만, 남성들에게는 연관되지 않을 것이다. 그들은 점심 식사 준비나 쇼핑을 한다거나 상세하게 성경을 토의하며 앉아 있을 것 같 지 않다.

그래서 그런 성경 공부반에서는, 버드에 관해서 이야기를 했는데, 그의 이웃에 사는 팔십이 세 된 할머니에게 비슷한 일을 했다. 식사 준비를 해 주는 대신에, 그녀의 집 앞 화원에 수호초(pachysandra)를 심어 주었다. 그녀는 열광적인 원예가이었으며, 그러한 화단을 가지 고 있는 것에 큰 자부심으로 느끼고 있었다는 것을 그는 알고 있었다. 하지만 세월은 그녀를 그냥 두지 않았고, 이제는 더 이상 정원에서 일 할 수 없게 되었다. 그래서 그는 두 달 동안 매 주 토요일 오후마다 그 녀를 위해서 수호초를 가꾸는 일을 하였다.

남성과 여성에게로 목표를 정하는 것뿐만 아니라, 부부들과 독신자들을 위한 것, 그리고 가정 밖에서 직장 생활을 하는 사람들과 가정에서 아이들을 양육하는 일을 하는 사람들에 관한 예화를 포함시키려고 애를 쓴다. 나는 아이들이 있는 사람들과 없는 사람들, 직업에 있어서는 사무 노동자와 육체 노동자, 흑인과 백인 그리고 아시아인과 히스패닉 모두를 다 다루기를 원한다.

간단히 말하자면, 내가 가르치는 반에서 나오는 상황들로부터 예화를 끄집어내어 사용하기를 원한다. 왜냐하면 그러한 상황이야말로 사람들의 생활에 있어서 감정적인 부분과 영적인 부분에 직접적으로 영향을 미치기 때문이다. 그 예화들은 단지 두 문장 정도 밖에 되지 않지만, 그 예화 속에서 주인공은 우리 모임 중의 한 사람으로 표현될 것이다. 우리 모임의 구성원들 모두를 완전히 다 예화로 삼을 필요는 없다. 하지만 강의가 계속 진행됨에 따라, 나는 그들 모두를 다루고 싶다.

• **경험에 근거하여 분석하라.** 나는 또한 사람들이 다양하게 경험했던 것을 다루기 위하여 예화들을 분석하고자 한다.

하나님께 대하여 어떤 사람이 낙심한 것을 보고, 내가 예화를 사용하려고 한다면, 주로, 암으로 남편을 잃고 한 명의 신생아와 두 명의 유아를 키우고 있는 어느 젊은 어머니에 관한 예화를 사용하고자 하는 충동을 느낀다. 하지만 그러한 경험을 알고 있는 사람은 그렇게 많지 않다. 그러므로 나는 사람들이 경험할 수 있는, 그런 것들과는 다른, 하나님께 대한 낙심을 또한 언급하고자 한다. 인종 차별 정책의 초기에 그것에 세뇌된 젊은 정치적 행동주의자, 그토록 오랫동안 기다리던 승진이 안 된 어떤 사람, 그녀가 선택한 대학에 들어가지 못한 십대 소녀와 같은 것이 그러한 예이다.

누구나가 다 분노와 슬픔과 의심과 희망과 고통과 사랑을 경험한다. 하지만 하나의 예화가 모든 사람의 독특한 경험들을 다 다룰 수 있을 것이라고는 생각하지 않는다.

그들의 입장에서 방법들을 사용함

그들은 감정적이고 영적인 차이뿐만 아니라, 또한 배우는 데 있어서도 아주 다양한 방법으로 배운다. 어떤 사람은 듣는 것을 통해서, 또 다른 사람들은 토론하는 것을 통해서 가장 잘 배운다. 어떤 사람은 보는 것을 통해서, 또 다른 사람은 실제로 해 봄으로써 가장 잘 배운다. 다행스럽게도, 그러한 다양한 유형과 연결할 수 있는 다양한 기술들이 있다. 우리는 비디오를 보여준다든지, 진흙으로 무엇을 만든다든지, 소그룹을 더 세분화한다든지, 수업을 보강하기 위해 "신뢰 게임"(trust walk) 등을 할 수 있다.

그렇지만 가르치는 기술들이 단지 사람들을 즐겁게 하는 잔재주가 되는 것은 원하지 않는다. 그래서 내가 사용하려는 방법들을 생각해 볼 때, 세 가지 질문을 함으로써, 그것을 예방한다.

• **가르치는 것과 연관성이 있는가?** 나는 사람들이 즐겁게 배우기를 원한다. 하지만, 그 가르치는 기술을 통해서, 그들이 배우는 것을 더 잘 이해하기를 원한다. 내가 어떠한 방법을 사용한다 할지라도, 가

르치려고 하는 목표와 직접적으로 연관이 있어야만 한다.

만약, 내가 사람들에게 하나님의 창조능력을 알게 하기 위해서, 창세기 1장을 가지고 창조에 대해서 가르치고 있다면, 그들이 시를 쓰거나, 진흙으로 작품을 만들게 할 것이다. 그리고 창조의 신선한 아름다움을 깨닫게 하고 싶다면, 「내쇼날 지오그래픽」(National Geographic)을 몇 장 복사해서 나누어주고, 그들에게 창조의 신선한 아름다움을 주는 사진을 선택하게 하고는 그것에 대해서 서로 이야기를 나누도록 할 것이다. 만약에 사람들이 수업의 한 부분으로서 다른 것을 알기를 원한다면, 나는 소그룹을 더 세분화시켜서 밖에서 그들이 경험했던 가장 감동적이었던 이야기들을 서로 나누게 할 것이다. 만약 내가 이러한 활동이나 나의 목표를 주제에서 벗어나게 한다면, 흥미로운 수업이 될지는 모르지만 학생들은 그 수업 과정에서 정말로 의미 있는 것을 발견하지는 못할 것이다.

나는 또한 사람들이 그 수업 과정이 어떻게 연결되는지에 대해서도 분명히 하기를 원한다. 일반적으로 사람들은 무엇인가 새로운 것을 하려는 데 있어서는 보수적이다. 그리고 그들은 "우리가 왜 이것을 하고 있지?" 하고 생각할 것이다. 그래서 나는 항상 그들에게 말한다. "우리가 창조적인 것을 이해할 수 있도록, 이것을 하도록 하자."

물론, 때때로 이것을 설명하는 것이 그 수업 과정을 허물어 버리기도 한다 — 아마도 잘 알지 못하기 때문에, 그 수업과정의 핵심적인 것들에 대해서 욕구불만에 빠질 수도 있다! 하지만 만약 내가 과거에 의미 있는 수업과정을 사용하여 신뢰를 구축해 놓았다면 그들이 그 과정이 어디로 향하고 있는지를 정확하게 모른다 할지라도, 나를 신뢰할 것이다.

• **중요성에 비례해서 균형 잡혀 있는가?** 나는 그것의 가치 이상으로 수업과정을 짜는 것을 원치 않는다. 만약 내가 그렇게 한다면, 사람들은 수업이 너무 잔재주에 치우친다고 느껴서 더 이상 참석하려고 하지 않으므로, 사람들을 잃을 위험에 처하게 될 것이다.

나는 모든 사람이 용기를 얻고 휠체어를 타고 나오게 된 교단 집회에 참석하기로 되어 있었다. 집행부는 우리를 불구자들과 동일시했다. 왜냐하면, 그 모임이 상징적으로 여섯 시간을 보내고, 식사 시간까지 포함시켰던 것이다. 나는 가지 않았다. 그 모임은 약 십오 분만에 요점을 얻을 수 있을 것 같은데, 불필요하게 그들은 그 과정을 계속해서 진행하고 있었다고 생각한다.

그래서 나는 수업 과정이 적절하게 균형 잡히기를 원한다. 예를 들자면, 예수께서 소경을 고치시는 것을 배울 때에, 사람들을 소경과 동일하게 취급하는 것은 도움을 줄 수 있을 것이다. 만약에 우리의 생활을 그리스도의 빛으로 채우는 것에 대해서 배우고 있다면, 이삼십 분 동안 "신뢰 게임"(trust walk)을 하는 것도 가치가 있을 것이다. 사람들을 둘씩 나누어서 교회의 여기저기에서 서로 번갈아가면서, 눈 먼 사람을 인도해 주고는, 다시 인도했던 사람이 눈을 가려서 인도를 받는다. 그러면 사람들은, 부활하여 변형되신 그리스도께서 지금 우리 가운데서 역사하시고 계심을 신선한 방법으로 이해할 수 있을 것이다.

그러나 만약 내가 그 소경이 고침받기 위해서 행했던 순종에 대해서 강조하기를 원한다면, 그의 질병과 사람들을 동일시하는 데 너무 많은 시간을 소비하는 것은, 중심 주제로부터 그 반을 산만하게 하기 때문에 부적절할 것이다.

• **학급의 사람들은 하고 싶어 하는가?** 내가 가르치는 방법의 수와 유형은 내가 가르치는 사람들의 특성에 근거해 있다.

예를 들면, 만약 내가 가르치는 반이 다소 보수적인 오십대 남녀로 구성되어 있다면, 심지어 그것이 그 과목의 목표와 맞는다 할지라도, 나는 진흙으로 무엇을 만들거나 시를 쓰는 일은 하지 않을 것이다. 반에서 무슨 일이 일어날지에 대한 그 모임의 구성원들의 전통적인 기대는, 그들이 새로운 기술을 즐기는 데에 오히려 방해가 될지도 모른다.

내가 만약 25~35세 가량의 서로의 관계를 구축하며, 창조적인 것을 즐기기를 원하는 독신으로 사는 사람들을 가르치고 있다면, 아주 혁신적으로 할 수 있을 것이다 — 사실, 나는 그렇게 해야만 한다. 왜냐하면, 그들은 얼마 지나지 않아서, 전통적인 가르침이 아주 도전적이지 못하다는 것을 깨닫게 될 것이기 때문이다.

내가 가르치는 모임을 그 성격에 맞추기 위해, 수업 과정을 가장 적합하게 만들 수 있다. 나는 "이러한 환경어서 이 일을 하기 위해서는 내가 무엇을 해야만 하겠는가?" 하고 자문해 본다. 만약 대부분의 학생들이 내용이 충실한 강의를 원한다면, 나는 토론하는 시간을 짧게 함으로써, 그들이 지루해 하지 않게 할 것이다. 만약 많은 부모들이 주일학교에서 그들의 자녀들을 데리고 오기 위해서, 수업 시간을 십분 일찍 떠나려고 한다는 것을 내가 알고 있다면, 수업 시작할 때에 토론을 제안할 것이다. 만약 내가 가르치는 "보수적인" 모임에 찬양 대원들이 많다면, 수업 중에 음악을 잘 이용함으로써 진행할 수 있을지도 모른다. 어쨌든 그 수업 과정과 그 모임이 서로 적합한지를 확인하는 데 아주 많은 관심을 기울일 것이다.

• **그것은 부수적인 과정(dessert)인가, 아니면 주된 과정인가?** 사람들은 놀라는 것을 즐긴다. 그래서 가르치는 데 있어서 목표 중의 하나는, 사람들이 어느 정도는 예측할 수 없도록 하는 것이다. 그것은 목회자가 한 교회에서 오 년 이상 있었을 때에는 특별히 중요하다. 내가 만약 그것에 주의하지 않는다면, 내가 한 문장을 끝내기도 전에, 성도들이 먼저 끝낼 수도 있을 것이다.

그러나 사람들이 방심하지 못하게 하려고, 나는 아주 많은 창조적인 수업 과정들을 제시함으로써, 오히려 그것들이 그 수업의 중심 과정이 되어 버리는 것은 원하지 않는다. 나는 언제나 한 반에서 한 가지 이상의 새로운 과정을 사용하지 않는다. 그리고 그 후, 사오 주 동안에는 그러한 것들을 소개하지 않는다.

시간을 때워야 할 어떤 것이 필요하다고 느낄 때, 나는 그러한 수업 과정에 의존하기 시작한다는 것을 안다. 하지만 그 대신에, 나는 내가 가르쳐야 하는, 한 시간의 내용을 준비하기 위해서 두 시간을 투자하기를 원한다. 그리고 내가 의도하려는 요점을 어떤 신선한 방법으로 명확하게 하고자 할 때, 너무나도 중요해서 정말로 다른 자료로는 도저히 계속해 나갈 수 없을 만한 그러한 수업 과정은 그들에게 제시하기를 원한다. 그렇게 할 때가 바로 그 새로운 방법이 나에게 있어서 중심적인 것이 되지 않고, 부수적인 것이 되는 때이다.

나는 잔재주를 부리지 않고 다양하게 수업 시간을 이끌어 나갈 때, 사람들이 배우는 유형이 서로 다르다 하더라도, 그들을 다 다룰 수 있는 방법들을 수업 중에 제시할 수 있다. 나는 많은 수업 과정을 사용하는데, 그 중에 특별히 그룹 토의가 있다. 또한 내가 유용하게 느꼈던, 몇 가지 다른 것들을 다음에서 제시하고자 한다.

시각적인 다양성

우리가 눈에 보이는 것에 의해 지배되는 문화 속에 살고 있기 때문에, 나는 수업에 있어서 어떤 가시적인 요소들을 빼놓을 수가 없다.

그럴 경우, 나에게 있어서는, 보통은 O.H.P.를 사용한다거나 강의 안의 개요를 인쇄해서 나누어 주는 것을 의미한다. 첫째로, 집에서 약간의 O.H.P.를 준비할 수 있다. 그래서 수업하는 동안 글자를 쓰기 때문에 천천히 가르쳐야 할 필요는 없다. 두 번째로, 그 학기 동안 글자를 써야 하는 일이 있을 때에, 수업 받는 학생들에게 나의 등을 결코 보일 필요가 없다. 나는 눈과 눈을 계속해서 마주 할 수 있다. 그리고 세 번째로, O.H.P.를 사용하는 것은 우리가 말하고 있는 것을 사람들이 볼 수 있도록 해 준다. 그것은 내가 가르칠 때에, 학생들이 자신들의 마음속에 더욱 많은 생각을 할 수 있도록 해 준다.

예를 들자면, 나는 학생들에게 그들이 "칭의"라는 말을 들을 때에, 무슨 생각을 하게 되는지를 물어 볼 수 있다. 만약 내가 그들이 대답할 때, 그것을 쓴다면, 그들은 우리가 쓸 때에 비교하고 대조하면서 마음에 새길 수 있을 것이다. 그것은 특별히 우리가 바울의 관점에 대해서 이야기하기 시작할 때에도 유용하다.

가시적이라는 것은 또한 수업 중에 비디오 테이프를 사용하는 것을 의미할 수 있다. 물론, 비디오 테이프를 오 분이나 십 분 이상 사용하는 것은 무익하겠지만 말이다. 그리고 내가 그것을 적절하게 사용할 수도 있겠지만, 사람들을 다소 수동적으로 만들어서, 수업이 서로 간에 활기를 띨 수 없게 하는 경향이 있다. 그러나 나는 가끔씩 요점을 철저히 납득시키기 위해서, 광고 방송 프로나 TV쇼의 짧은 부분을 사용하기도 한다.

나는 또한 내가 미리 준비한 자료나 잡지 또는 사설 등의 인쇄물을 사용하기도 한다. 예를 들면, 고린도후서에서, 모든 생각을 그리스도께 복종시켜야 한다는 것을 가르치고 있었다. 그래서 나는 신문의 몇 개의 면들 — 부동산, 패션, 제1면에 실린 것 — 을 나누어주고는, 그들이 보고 있는 것에 대한 기독교적인 안목을 토론하게 했다.

촉각적인 가르침

많은 사람들은 만져 보고 냄새를 맡아보지 않는 한, 잘 배우지를 못한다. 그래서 나는 도움이 될 만한 주제가 있으면, 수업 과정 속에 촉각적인 것을 포함시킨다.

언젠가 창조에 관한 말씀을 공부할 때에, 나는 학생들에게 인간이 진흙임을 발견해 내게 하려고 노력했다. 그리고 나서 그들에게 다음과 같은 질문을 했다. "창조하는 데 무엇이 언급되었는가?" 그리고 "당신이라면 창조하기 위해서 무엇으로 만들어야 하겠는가?" 그래서 실제로 진흙으로 만들고 난 후에, 그 학생들은 창조의 역동성에 대해서 너무나도 섬세하게 느끼게 되었다.

쓰는 것은 가장 단순한 촉각적인 교육 과정이다. 그래서 나는 종종 사람들에게 질문에 대한 대답으로 어떤 것을 쓰도록 요구한다. 또 다른 시간에, 나는 우리가 공부하고 있는 구절에서 가장 중요한 단어들에 동그라미를 치도록 요구할 것이다. 왜 그런지 나는 알 수 없지만, 쓰는 것은 사람들의 마음에 초점을 맞추게 하는 그 무엇인가가 있다.

한번은 고린도후서 2장 16절을 가르칠 때에 향수를 가지고 왔다. "이 사람에게는 사망으로 좇아 사망에 이르는 냄새요, 저 사람에게는 생명으로 좇아 생명에 이르는 냄새라." 그리고 고린도후서 3장에서의 베일에 대한 바울의 논의를 더 잘 이해하기 위해서, 나는 베일을 통해서 보는 시도를 학생들에게 하도록 했다.

앞에서 말했던 것처럼, 이러한 유형도 잔재주가 되지 않도록 하기 위해서 자주 하지는 않는다. 하지만 적절하게 사용했을 때에는, 수업에 변화를 줄 뿐만 아니라, 또 그러한 감각을 통해서 가장 잘 배우는 사람들을 도와 줄 수 있다.

음악에 맞추어

우리 교회 성도들을 위한 한 주간의 가족 캠프에서 요한일서를 가르치고 있었다. 사람들이 요한일서의 중요한 구절과 사상을 암기하기를 원했다. 그래서 장별로 연구해 갈 때에, 가르친 것을 요약하거나, 구절을 암송하는 데 도움을 주는 찬양이나 성경 구절로 된 찬양을 가르쳐 주었다. 그 주간 동안 우리는 이동이 있을 때마다 그 찬양들을 불렀다.

아직까지도 사람들은 그 수련회 기간이 자신들에게 얼마나 유용했는지를 말하고는 한다. 어떤 사람은 나에게 다가와서 말을 걸어 놓고는, 곧 바로 찬양하기 시작한다. "아버지 하나님께서 우리에게 어떻게 사랑을 베푸셨는지 보라……."

세계 선교에 관한 수업에서, 우리는 도전적이고 헌신적인 찬양 하나를 주제송으로 채택했다. 그 감동적인 가사와 곡은 우리의 마음속에 수업 내용을 확실하게 해 주었다.

음악은 예배에서 중심적인 부분인 하나님을 찬양하는 것을 도와주기 때문에, 예배에서 필수적인 부분이다. 하지만 그와 마찬가지로, 교실에서도 음악을 사용할 수 있다.

상상력의 사용

실제로, 거의 모든 창조적인 가르치는 기술은 사람들로 하여금 상상하도록 이끈다. 하지만 때때로 그 시도는 생각보다 더욱 직접적이다.

예를 들면, 나는 한 친구에게 만화를 그리게 했다. 그리고는 학생들에게 그것에 대한 설명을 붙이게 하였다. 심지어 사분의 삼 정도가 어떠한 그림도 제대로 따라오지 못했지만, 우리는 요점을 놀라우리만큼 잘 설명한 두세 개의 설명들을 얻어낼 수 있었다.

나는 또한 마음을 움직이는 비유적인 묘사(guided imagery), 즉 마음을 움직이는 상상력(guided Imagination)을 사용해 보았다. 다시 말해서, 당신은 당신의 말을 듣고 있는 청중을 알아야 하며, 아주 주의 깊게 대해야 한다. 그러나 사람들을 성경에 나타난 상황과 동일시하도록 도와줌으로써 효과적으로 사용할 수도 있다.

한번은 여리고성 밖에서 소경을 고치시는 것을 가르칠 때, 나는 다음과 같이 말했다. "지금 당신의 눈을 감고 당신이 그 군중들 속에 있다고 상상해 보십시오. 무엇을 느낍니까? 덥습니까 혹은 춥습니까?" "덥습니다." "예, 덥습니다. 비가 오고 있습니까, 아니면?" "아뇨, 건조하고 먼지가 날립니다." "자, 많은 사람들이 떼를 지어 가는 것을 보고 무엇을 느낍니까? 이제 당신은 고함치는 소리를 들어보십시오. '다윗의 자손 예수여, 나를 불쌍히 여기소서.' 어떻게 생각하십니까?" 그리고는 계속한다.

나는 병 고치시는 것에 대해서 단지 말만 하기보다는 행동하기를 원한다. 그래서 사람들로 하여금 그러한 실제적인 것을 체험하도록 도와준다. 상상력의 사용은 그것을 가능하게 한다.

침묵의 위력

어떤 이는 침묵하면서 새로운 진리를 묵상할 때에만 그것을 이해할 수 있다. 그래서 나는 특별히 주의 깊게 성경을 묵상하는 것을 인도해야 하는 어떤 반에서는, 가르치는 기술로서 침묵을 사용한다.

내가 시편 62편, "나의 영혼이 잠잠히 하나님만 바람이여"를 가르쳤을 때, 나는 사람들에게 5분 동안 '기다린다' 라는 단어를 묵상하게 했다. 나는 다음과 같이 말할 것이다. "당신이 원한다면, 당신은 어떤 식으로든 그 시간을 사용할 수 있다. 방 구석으로 떠나가 버리거나, 당신이 지금 있는 곳에 머무를 수도 있다. 원한다면, 당신이 하고 있는 생각들을 글로 써내려 갈 수도 있다. 만약 당신이 무엇을 해야 할지를 모르겠다면 당신은 나에게 이러한 것들을 생각할 수 있도록 제안해도 좋다. 당신은 얼마만큼 잘 기다리는가? 하나님을 기다린다는 것은 무엇을 의미하는 것이라고 생각하는가?

그 일이 있기 전에, 우리는 우리가 기다린다고 해도 가망이 없는, 우체국에서 체크할 것을 기다리는 것, 우리를 구원해 줄 왕자님(Prince Charming)을 기다리는 것, 크리스마스를 기다리는 것에 대해서 이야기를 나누었다. 그렇게 해야 그들은 그 수업을 하는 동안 생각할 내용을 가질 수 있기 때문이다.

명상은 어떤 사람들에게 있어서는 마음에 감동을 주는 수업 과정이 될 수 있다. 그래서 나는 수업을 갑작스럽게 끝내기를 원하지 않는다. 마지막에는 기도를 함으로써 마치는데, 그 수업을 정상적인 대화의 시작과 마침으로 부드럽게 이끌어 갈 것이다. 부드럽고 천천히 기도를 시작하여 목소리를 정상적인 속도와 높이로 하여 마친다.

침묵에는 힘이 있다. 또한 불안이 있을 수 있다. 만약 불안해 한다면, 나는 기침하는 소리와 안절부절 못하는 것과 움직이는 소리를 들을 수 있다. 그러면 나는 기간을 짧게 할 것이다. 그리고 수업이 마친 후에는, 다음번에는 사람들이 그 시간을 더 잘 이용할 수 있을 방법에 대해서 생각할 것이다. 아마도 조금 더 철저하게 그것을 소개하거나, 명상에 관한 성경적인 기초를 설명해 주거나, 그들이 생각하기에 조금 덜 위협적인 것을 사용할 것이다.

창조적인 배움의 공간

최근에, 이스턴 대학(Eastern College)에서의 학생들과의 모임에서 강의를 할 때, 그들 중의 한 사람이 나에게 이렇게 물었다. "기독교가 미국 문화 속에서 정의로움과 생활 스타일에 어떠한 연관을 가지는지에 대해서, 당신은 이 캠퍼스에 있는 모든 사람이 다 같은 생각을 가져야만 한다고 생각하십니까?"

나는 대답하기를, "아니오, 나는 그렇게 보지 않습니다. 우리 모두는 그리스도 안에서 그리고 성경의 권위 아래로는 집중되어질 필요가 있습니다. 하지만 그러한 범위 너에서도, 하나님께 순종하려는 구체적인 모습에 있어서는 문제점을 가지고, 그러한 문제들을 두고 씨름할 자유는 있습니다."

그 모임을 마칠 때에, 한 학생이 나에게 다가와서 말하기를, "저는 제가 모든 것에 대해서, 즉 심지어 정치관에서부터 생활 스타일에 이르기까지를 어떻게 생각하며 또 믿어야 할지 모든 사람이 저에게 말을 해주는 그러한 배경 하에서 자라났습니다. 솔직히 말해서, 그것은 저를 보다 약한 그리스도인으로 만들기 시작했습니다. 하지만 제가 정말로 무엇을 믿는지를 자세히 고민해야 하는 공간을 부여받았다고 교수님께서 말씀하시는 것을 듣고는, 그것이 얼마나 중요한 의미를 지니는지를 깨닫게 되었습니다. 감사합니다."

나는 사람들에게 질문을 할 공간뿐만 아니라, 여러 가지 다양한 방법으로 대답을 찾는 공간도 주기를 원한다. 우리의 신앙의 어떠한 부분들에 있어서는 성경적인 지시가 없는 것과 마찬가지로 — 우리의 헤어 스타일을 오른쪽으로 할지, 왼쪽으로 할지와 같은 — 그리스도를 배우는 방법에 대해서도 성경은 무엇이 옳은지를 지시하고 있지 않다.

나는 그것이 바로 예수께서 가르치실 때에 계속해서 다양한 방법을 사용하신 이유라고 생각한다. 그 분은 무화과나무를 저주하셨고, 무릎을 꿇으셨고, 먼지 속에서 남의 이목을 끄셨고, 진흙을 이기셨고, 다른 것들 중에서 백합화를 바라보게 하셨다. 그 분은 모든 사람이 똑같이 배우는 것이 아니라는 것을 아셨다.

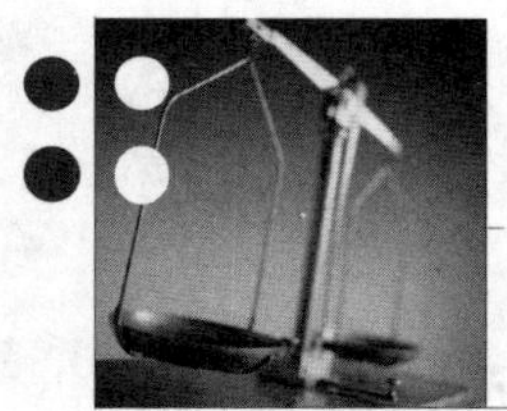

요점 정리와 더 생각해야 할 Point

1. 당신은 학급 안에 있는 다양성(특히 영적인 관심사의 다양성에서)을 미래의 전망으로 이끌기 위해 어떤 노력을 해 보았는가?

1) 기도

2) 하나님을 신뢰

3) 마지막 벼랑에 서있는 이들에게 얼마만큼 민감해 보았는지

2. 당신은 다양한 사람들에게 접근할 수 있는 확실한 방법인 예화를 얼마나 효과적으로 사용해 보았는가?

1) 현실적인 상황(생활)에 따른 예화

2) 사회적으로 분석된 예화

3) 경험에 근거하여 분석된 예화

3. 학생들의 입장에서 방법들을 사용했는지 점검하라.

1) 가르치는 것과 연관성이 있는지?

2) 중요성뿐 아니라 균형 잡혀 있는지?

3) 학생들은 하고 싶어 하는지?

4. 당신의 수업 과정 중에 얼마나 효과적인 방법을 사용했는지 점검해 보라.

1) 시각적인 다양성

2) 촉각적인 가르침

3) 음악

4) 상상력의 사용

5) 침묵

6) 창조적인 배움의 공간 주기

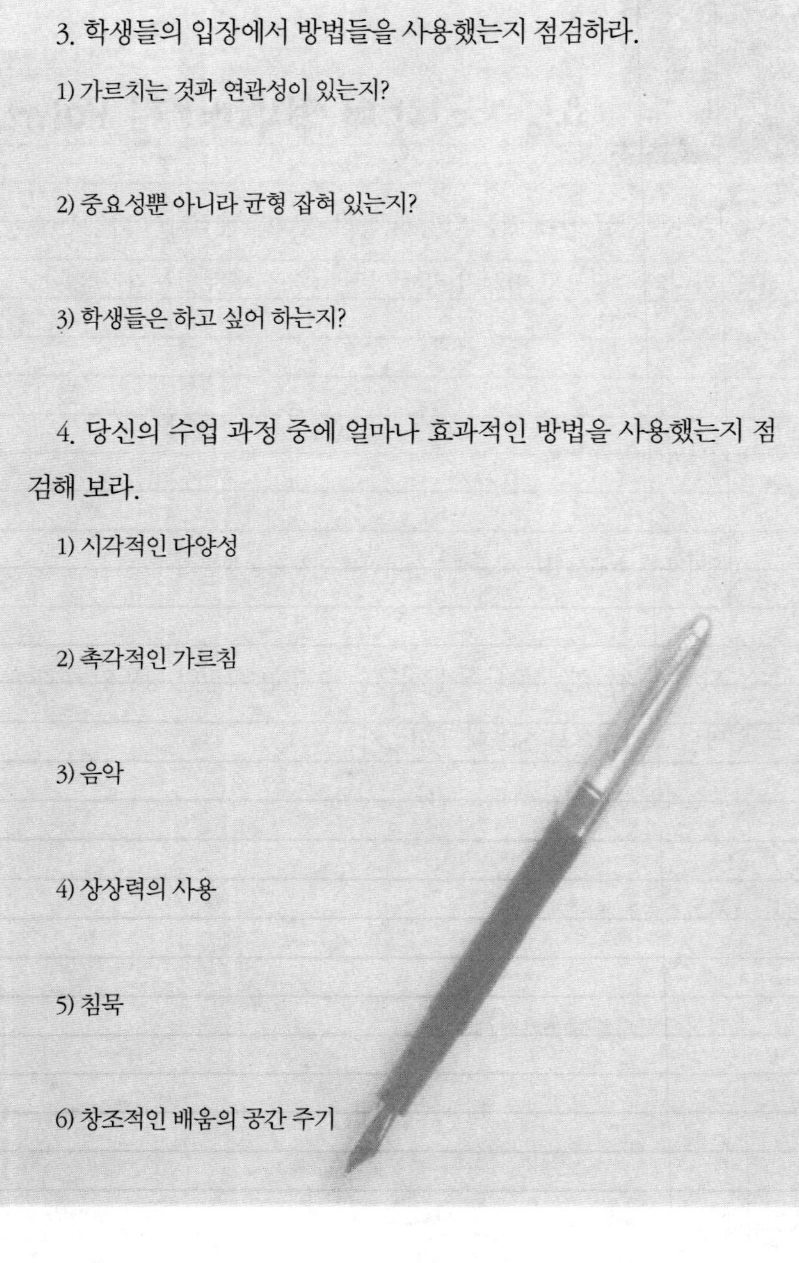

나는 오래 믿은 신자나 초신자 모두에게 동일한 목표를 가지고 있다.
말씀을 새롭게 하고, 그것이 살아서 역사하도록 한다.
두 모임 다, 본문이 얼마나 흥미로운지,
얼마나 의미가 풍부한지를 알아야 할 필요가 있다.
— 얼 팔머(Earl Palmer)

제 5 장
아기 양과 어른 양
(Baby Lambs and Old Sheep)

내가 가르치는 성경 공부반에 있는 초신자인 베키는, 심지어 갈라디아서를 찾는 데도 "그것이 구약에 있습니까, 신약에 있습니까?" 하고 물어 볼 정도로 도움을 필요로 하지만, 눈은 열정으로 반짝거린다. 나는 그녀에게 "예수께서는 나를 사랑하십니다. 이것을 나는 알고 있습니다." 라고 말할 수 있었고, 그녀는 나의 깊은 가르침에 경외감을 나타냈다.

반면에, 교회에서 세움을 입은 팀은 그러한 것들은 전에 이미 다 들었다. 그는 "예수께서 나를 사랑하신다"는 말에 싫증이 났고, 갈라디아서만 해도 이미 열 번은 족히 읽었을 것이다.

문제는 그 두 사람이 내가 가르치고 있는 성경 공부반에 같이 앉아 있다는 것이다.

학교 교사에게는 한정된 임무가 할당되어 있다 : "중학교 3학년의 영문학." 하지만 목회자는 그렇게 한정지을 수가 없다. 목회자들이 하는 일과 같은 것을 학교 교사들이 다룰 수 있을지 정말 의심스럽다. 유치원에서부터 대학 졸업반까지(어떤 이는 재능이 있고, 또 어떤 이는 우둔한)의 200여명의 학생들에게, 색깔에서부터 알파벳, 생화학, 미적분에 이르기까지 모든 것을 망라하여 가르쳐야 한다.

다양한 기술을 가지고 있는 다양한 사람들이 모인 모임을 가르쳐야 하는 것은 목회자 앞에 놓여져 있는 도전이다.

물론 손쉬운 해결 방법으로는, 초신자를 위한 반과 성숙한 신자들을 위한 반을 따로 만드는 것이다. 그러면 그것을 위한 장소도 있어야 할 것이다.

하지만 대부분의 경우, 나는 그들이 같은 성경 공부반에 함께 참여하는 것을 더 좋아한다. 다른 사람들은 전부터 알고 있던 진리를 이제 곧 믿은 신자들이 발견하고는 흥분을 감추지 못하는 모습을, 오래 믿은 신자들이 보고는 신선함을 느낄 수 있을 것이다. 그것은 그들에게 복음의 영원한 참신함을 일깨워 줄 뿐만 아니라, 전에 알고 있었던 진리라 할지라도, 새로운 방법으로 볼 수 있게 해 준다.

반면에, 새로 믿는 신자들은 오래 믿은 신자들이 제공하는 지혜와 경험을 들을 필요가 있다. 그것을 통해서 그들은 보다 긴 안목을 가질 수 있고, 그들의 생활을 안정시킬 수 있도록 도움을 받는다.

비록 그 유익들이 아주 크다 할지라도, 오래 믿은 신자와 처음 믿는 신자를 함께 두고 가르치는 것은, 성숙한 신자를 싫증나게 하고 초신자들을 당황하게 만들 수 있기 때문에, 숙련된 그리고 철저한 기술을 요구한다.

다양한 도전들

초신자와 성숙한 신자를 함께 가르치기를 시작할 때, 효과적인 가르침을 방해하는 시험들과 장애물들에 대해서 알아야만 한다.

• **피해야 할 유혹들** : 그 모든 것을 알고 있을 것이라고 생각하기 때문에, 금방 싫증을 낼 듯한 성숙한 신자들에게, 나는 성경을 더욱 흥미진진하게 하려고 애쓰는 유혹을 받는다. 그래서 요한계시록이나 1세기의 영지주의와 같은 비교적(秘教的)인 것에 대한 공부가 가장 좋을 것이라고 생각한다.

분명히 이러한 주제들은 주의를 집중시킬 만하다. 그러나 복음의 핵심을 무시하면서 그런 것들을 토론하려는 유혹은 물리쳐야 한다. 왜냐하면, 바로 그 복음이 우리의 메시지 중에서 영원히 계속될 가장 흥미로운 부분이기 때문이다.

그리고 "오래 믿은 사람들에게 어떤 크고 중대한 주제에 대한, 모종의 정말 고된 과정을 이수하게 할 필요가 있겠다"고 말하는 교사들은, 그들에게서 성경 본문은 쉽게 다루어야 한다는 중대한 과제를 박탈해 버리고 만다. 대부분의 경우에 있어서, 오래 믿은 신자들은 참신한 방법으로 요한일서를 봄으로써, 마음을 뒤흔드는 경험을 얻기를 요구할 뿐이다.

또한 초신자와 이야기를 할 때 있을 수 있는 한 가지 유혹은, 상투적인 어구에 의존한다든지, 암기하고 있던 보편화된 진리를 그들에게 전하는 것이다. 더욱 좋지 않은 것은, 한 구절을 읽은 후에 단지 괄호 속에 채워 넣는 식의 너무 단순화된 질문들을 그들에게 하는 것이다. 간단히 말해서, 우리는 그들이 가지고 있는 지식을 모욕하지 않아야 한다.

그리고 초신자와 함께 있을 때 있을 수 있는 또 한 가지 유혹은, 그리스도인으로서 그들이 새로운 경험 속에 처하게 하는 것이다. 우리가 그들로 하여금 그들의 경험에 근거해서 신앙을 나누도록 가르칠 때, 종종 그러한 유혹에 빠지기 쉽다. "저는 고뇌에 차 있었습니다. 그러나 지금은 그리스도께서 저에게 평화를 주셨습니다." 그 말은 옳지만, 많은 사람들 가운데 어떤 이는 동양종교나 코카인을 통해서 평화를 얻기도 한다. 그들의 주관적인 경험을 사용하는 대신에, 나는 오히려 그들에게 성경의 기초를 단단히 가르치기를 원한다. 그래야 그들이 신앙을 가지는 데 견고한 기초를 가질 수 있다.

• **극복해야 할 장애물들** : 교회에 다닌 지 얼마 되지 않은 신자들은 그들의 새로운 역할에 대해 종종 난처해하거나 불안해 한다. 다른 사

람들이 자기들보다도 더 경험이 많고 더 많이 안다고 생각한다. 그들은 갈라디아서가 구약인지 신약인지를 물어보는 것이 어리석다고 느낀다.

이러한 자신감의 결핍은 그리스도 안에서 자랄 수 있는 그들의 능력을 해칠 수 있다. 특히, 성경을 공부할 때가 더욱 그러한데, 결국 그들에게 있어 성경은 복잡하고 다루기 어려운 거대한 책으로 다가온다. 그래서 나는 초신자들이 성경에 친밀감을 느끼고, 그들이 스스로 성경을 사용할 수 있으며, 성경이 그들의 책이라는 사실을 느끼게 하여 자신감을 갖도록 하기를 원한다.

반면에 교회에 다닌 지 오래된 신자들은 경험이 부족해서가 아니라, 오히려 경험 그 자체 때문에 방해를 받는다. 예를 들면, 어떤 이는 선지서에서 방해를 받는다. 가난한 사람들에 대한 우리의 책임과 공의의 필요성에 관한 성경의 가르침들 외에는 받아들일 수가 없다. 또 다른 사람들은 복음서에서 방해를 받을 지도 모르겠다. 복음을 전파하라는 부르심 외에는 다른 어떠한 것도 볼 수 없다. 어떤 점에서, 그들은 이미 중요한 그들의 관점(觀點)들을 형성하여, 복음의 그 풍성한 범위를 다 볼 수 없도록 방해하는 경험이나 설교를 들었던 사람들이다.

또 다른 사람들은 좋지 않은 경험들로 방해를 받기도 한다. 예를 들면, 극단적인 은사주의의 경험은, 그들로 하여금 삶 속에서의 성령의 역할을 공개적으로 고려하는 것을 싫어하게 할 것이다. 또는 어떤 응답받지 못한 기도가 기도에 대해 조소적으로 만들지도 모른다.

그래서 오래 다닌 신자들을 위해서 나는 그들에게 기독교 신앙의 풍성한 전체 범위를 보여줌으로써, 그들이 장애물들을 초월해서 볼 수 있도록 도와야만 한다.

공통된 대답

이러한 다양한 도전들은 교사에게 다양한 대답을 요구하는 것처럼 보인다. 어떤 면에서는 그렇다. 그래서 교사는 이러한 다양성을 생각해야 하고, 그에 따라서 수업 방침을 결정해야 한다.

하지만 결국 이러한 시험들을 만났을 때, 이러한 장애물들을 극복하는 방법은 동일하다. 그것은 바로 **귀납적인 성경 공부**이다.

성경은 놀랍게도, 우리가 어떤 과정을 하고 있든지 상관없이 제자도를 위한 훌륭한 도구가 된다는 것이다. 기회만 주어지면, 성경은 우리의 인격을 형성하고 결정한다. 그리고 일생동안 재형성하고 재결정한다. 믿은 지 얼마 되지 않은 신자는 제한된 지식을 가지고 있는데, 신앙에 관한 언어, 범주, 이미지, 그리고 상징이 그들에게 많이 알려져 있지 않다. 하지만 믿은 지 오래된 신자라 하더라도, 본질적으로는 동일한 문제를 가지고 있다. 그들은 지식을 가지고 있지만, 종종 자신이 가지고 있는 지식을 이해하지 못한다. 그래서 자신을 과대평가한다거나 과소평가하는 것은 문제를 무척 복잡하게 만들 뿐이다.

그래서 나는 두 그룹에 대해 동일한 목표를 가지고 있다 — 말씀을 새롭게 하고 그것이 살아서 역사하도록 하여, 그것이 무엇을 의미하는지를 그들이 발견할 수 있도록 돕는다. 두 모임 다, 본문이 얼마나 흥미로운지, 얼마나 의미가 풍부한지를 알아야 할 필요가 있다.

나는 특별히 성경이 스스로 말하게 할 때, 즉 미리 설정한 범주로 그것에 접근하지 않고, 성경 자체가 스스로 무엇을 말하고 있는지를 발견하려는 시도로 귀납적으로 연구할 때, 그러한 일이 일어날 수 있다는 것을 알았다.

동시에 말씀의 첫 단계로 들어가는 길

물론 단지 귀납적 연구만이 신비한 비결이 있는 것은 아니다. 나는 여전히 연구를 어떻게 할지를 결정해야 하며, 그것을 통해서 사람들이 신선한 방법으로 본문을 볼 수 있도록 돕는다. 그래서 나는 몇 가지 기술을 사용하는데, **짧은 구절들을 연구하는 것**이 바로 그 첫 번째이다 — 그리고 단지 그러한 구절들을 연구할 뿐이다.

예를 들면, 나는 내가 가르치는 반과 이러한 게임을 즐긴다. 나는 이렇게 말할 것이다. "저는 1세기에 사는 로마병사입니다. 어느 날 밤 늦게, 팔에 두루마리를 쑤셔 넣은 한 젊은이가 오솔길을 따라 뛰어 내려오고 있었습니다. 그는 수상해 보였고 그래서 저는 그를 붙잡았습니다. 그는 너무나 급해 보였습니다. 하지만 제가 그에게서 획득한 것은 약간의 사본 조각이 전부였습니다. 저는 그 증거물을 본부로 가져갔습니다. 그들은 그것을 깔끔하게 접어서 로마 CIA, 즉 가이사 정보국(Caesar's Intelligence Agency)으로 보냅니다. 왜냐하면, 그들은 한

밤중에 달려가던 수상한 사람이 지니고 있는 문서가 어떠한 것인지를 알고 싶어 하기 때문입니다. 정보 요원들은 그 사본의 작은 조각을 펴서 등잔 불빛 아래에 펼쳐봅니다."

"자, 만약 당신이 그 CIA요원이고, 그 두루마리 조각 — 빌립보서의 처음 몇 구절 — 이 당신이 작업하기 위해서 가지고 있는 것의 전부라고 한다면, 당신은 나에게 그 문서에 대해서 무엇을 말할 수 있겠습니까? 왜 그것은 씌어졌겠습니까? 그것은 어떠한 사람들에게 씌어졌겠습니까? 그들은 무엇을 믿고 있습니까? 그들이 하려고 애쓰는 것은 무엇입니까?"

예를 들어, 만약 그들이 가지고 있는 조각이 빌립보서 1장이라면, 그들은 사도 바울이 빌립보교회와 그 교회의 집사와 감독들에게 편지한 것을 볼 수 있을 것이다 — 그래서 그들은 교회가 조직되어 있음을 깨닫게 될 것이다. 그들은 단지 몇 구절 안에서만 해도 자주 사용되어지는 예수 그리스도라는 이름을 볼 수 있을 것이다 — 그래서 예수가 누구인지는 모르겠지만, 이 운동의 중요한 인물임을 알게 될 것이다. 사실, 그는 주님으로 불리워지고, 그리고 그러한 호칭은 어느 세기에서나 중요한 인물임을 의미한다.

나는 사람들이 가지고 있는 성경 지식의 많고 적음에 상관없이, 이러한 접근은 성경 공부에 대한 놀라운 경험을 만들어 준다. 그것은 그리스도인들이 — 초보자나 베테랑이나 — 귀납적 성경 공부를 함께 할 수 있도록 해준다. 새로 믿은 신자도 더 오래 믿은 신자만큼 함께 할 수 있어야 한다. 수십 개의 구절을 암송하고 있는 주일 학교 전문가라도, "요한복음의 처음부터 끝까지는 이렇게 말하고, 누가복음의 처음부터 끝까지는 이렇게 말한다."라고 언급함으로써 어떤 간접적인 생각을 성경 공부에 집어넣을 수가 없다. 그는 자료의 특정한 조각에 초점을 맞추어야 하는 제한을 받는다.

한부분에 집중하도록 강요하면, 오래 믿은 신자라도 결국 새로운 것을 발견한다. 그들은 그 구절을 아주 잘 이해하고 있다고 생각했다. 그러나 이제 깨닫고는, "이봐! 내가 새로운 것을 깨달았어" 하고 소리칠 것이다.

사람들이 말씀을 보도록 도움

내가 사용해 온 또 다른 방법은, **사람들이 문자적으로 본문을 보도록 돕는 것**이다 : 나는 그들이 줄을 긋거나 낙서를 하게 한다.

이것은 특별히 젊은 사람들에게 유용하다. 예를 들면, 제일 위에 마가복음 1장에서 3장이라고 씌어진 큰 종이를 마루 위에 둔다. 나는 그 장(章)에 있는 구절들을 각 쌍의 젊은이들에게 주고는, 그 장에서 무슨 일이 일어나는지를 그들에게 그림으로 그리라고 말한다.

그리고 나서 나는 그 종이 위를 절마다 걸어 다니며, 그들이 그린 것에 대해서 이야기한다. 그런 식으로, 그들은 말씀을 들을 뿐만 아니라, 본문을 마음속에 구체화시킨다. 그리고 특히, 그들이 복음서나 사도행전을 할 때, 사건들의 연속성을 볼 수 있다.

나는 성인들에게도 동일한 것을 한다. 나는 내가 가르치고 있을 때, 그 내용을 그리는 사람을 아주 신뢰한다. 각각 종이를 가지고 한 테이블에 사람들과 같이 앉은 후에, "우리가 이 구절을 토론하기 전에, 약간 바보스러울지도 모르겠지만, 여기서 나타나는 것을 당신들이 보는 대로 그림으로 그리세요." 하고 나는 말한다. 또는 그들이 본문에서 보았던 것을 반영하는 간단한 낙서같은 그림을 그리도록 그들에게 요구할지도 모른다. 그리고는 그들이 그린 것을 다른 사람들에게 설명하기를 좋아하는 사람을 찾는다.

이것은 단지 복음서에만 효과를 발하는 것이 아니라, 신약의 서신서에서도 마찬가지이다. 예를 들면, 바울의 편지들은 비유적인 묘사로 가득 차 있다(육체의 가시, 그리스도와 함께 십자가에 못 박힘, 경주를 경주함 등). 소위 성경의 다른 교훈적인 부분에서처럼 말이다.

그러한 진행 방법은 본문에 생동감을 나타내 줄 뿐만 아니라, 모든 사람을, 초신자든 오래 믿은 신자든, 같은 수준으로 둘 수 있다. 사람들이 "나는 이렇게 이해했다." 또는 "나는 이렇게 느꼈다."라고 말하고 있을 때에는, 전문가가 따로 있을 수 없다. 그러한 질문에는 정답이나 오답이 있을 수 없다.

물론, 나는 그들이 이러한 수준은 넘어서기를 원한다. 왜냐하면, 결국에는 우리가 가르쳐야 할 내용은 성경 본문이기 때문이다. 우리는 옳고 그른 것을 구별하는 것을 배워야만 한다. 하지만 나는 모든 사람들이 같은 위치에서 더 깊은 수준의 과정으로 출발하도록 도움으로써, 시작하고자 하는 것이다.

본문이 단어의 뜻을 한정하게 하자

씨 에스 루이스(C.S. Lewis)가 말한 것처럼, 교사의 책임 중의 하나는 "어려운 단어가 무엇을 의미하는지"를 사람들에게 말해 주는 것이다. 그것은 초신자와 성숙한 신자가 섞여 있는 반을 가르칠 때에도 역시 좋은 방법이다.

그러면 나는 그것을 어떻게 할 수 있는가? 첫 번째로, 나는 이십세기의 독자들에게 그들 자신이 가지고 있는 정의(定義)를 묻는다. "당신은 은혜라는 단어를 들을 때 무슨 생각을 하십니까?" 모든 사람은 그 단어에 대해 경험하고자 할 것이다. 그리고 경험은 중립적이다.

뿐만 아니라, 토론이 계속될 때에, 나는 사람들이 그 단어에 대해 무슨 내용과 배경과 이해를 가지고 있는지를 결정할 수 있다. 그러면 나는 그 토론을 통해서 그 단어의 용법을 더 잘 대조하고 비교할 수 있다.

두 번째로, 본문 자체가 말하는 그 단어의 용법을 연구한다. 우리의 연구를 항상 본문 근처로 제한시켰기 때문에, 이것은 모든 사람이 일차적인 자료에 접근하게 한다. 어느 누구도 자신의 전문적인 지식으로 다른 사람을 겁줄 수가 없다. 사실, 전문적인 지식이란 언제나 그렇게 도움을 줄 수 있는 것이 아니라는 것을 안다. 귀납적인 방법에 능숙한 교사는 단지 문맥 속에서 그 단어의 의미를 조심스럽게 관찰함으로써, 시간의 90퍼센트를, 수업을 받는 학생들이 그 단어의 의미를 발견할 수 있도록 도울 수 있다.

　사랑, 아가페라는 단어를 가지고 예를 들어 보겠다. 사도 바울은 스스로 그 단어를 사용함으로써 그 의미를 한정하였다. 고린도전서 13장은 가장 유명한 예이다. 초신자는 한줄 씩 13장을 지도받을 수 있다. 그럼으로써 성경에서 말하는 사랑에 대한 이해를 계속해서 얻을 수 있다. 교회에 오래 다닌 사람들도 같은 방법으로 지도할 수 있다. 대부분의 신자들이 그들 자신의 삶 속에서 아직 말씀대로 살지 못하는, 사랑이라는 말이 의미하고 있는 내용들을 털어놓게 함으로써 가능하다.

　예를 들면, 베테랑인 기독교인들이라도 한 문장씩 한 문장씩 그 장(章)을 공부해 나갈 때에, 말씀은 그들을 깜짝 놀라게 할 수 있으며, 갑자기 그들이 사랑하는 것을 ― 그들이 가진 모든 소유를 가난한 자에게 주기까지 ― 할 수 있음을 깨닫는다. 그럼에도 불구하고 그들은 사랑이 부족하여 그렇게 하지는 못한다. 그러므로 본문 안에 있는 말씀의 의미는, 처음 믿은 신자든 오래 믿은 신자든 영향을 끼칠 수 있다.

　하지만 이러한 일이 일어나도록 하기 위해서, 우리는 본문이 스스로 말하도록 시간을 주어야만 한다. 우리는 너무 성급하게 단어의 의미를 한정지으려고 비약해서는 안 된다. 나는 발견하는 것을 고무하는 분위기를 만들려고 노력한다. 오래 믿은 사람들이, 사실은 모르면서 그 단어가 무엇을 의미하는지를 이미 알고 있다고 생각한다면, 그들에게는 성경 공부나 설교가 지루할 수밖에 없다. 우리가 자연스러운 사고 과정 안에서 본문이 스스로 그 의미를 밝히도록 허용하지 않을 때에는, 성경 공부는 지루해질 것이다.

같은 목장에서 먹는 오래된 양과 새로운 양

나는 평범한 갓 믿은 기독교인과 전형적인 오래 믿은 기독교인이 본문이 아주 신선한 방법으로 드러나는 것을 볼 기회를 가진다면, 그들은 성경 공부에 마음 문을 열고, 간절히 하고 싶어 한다는 사실을 경험해 보았다. 성경은 재미가 없으며, 이해가 불가능한 책이라고 생각하는 젊은 사람이라도 ― 심지어 기독교인이 아니라 할지라도 ― 새롭게 성경에 접근할 때에는 흥미를 느끼게 된다. 그리고 그들이 이미 그 모든 것을 알고 있다고 생각하기 때문에, 따분해 하고 관심을 가지지 않는 베테랑인 신자들에게도 계속적으로 흥미를 가지게 할 수 있다.

최근에 나는 총명한 젊은 변호사와 함께 쉐스터 산(Mount Shasta)에 올랐다. 등반하기 전날 밤, 별빛 아래 앉아서 그는 나에게 자기 자신에 관한 이야기를 해주었다.

그는 높은 수준의 교육을 받았고, 신세대적인 사고를 가지고 있으며, 기독교가 아닌 다른 종교를 믿는 한 여자와 결혼하였고, 사랑스러운 세 명의 자녀의 아버지이며, 경력에 있어서도 성공하였지만, 그는 아직 그 자신이 표류하고 있음을 알고 있었다. 그가 종교적인 양육을 포기해 버렸기 때문에, 그의 삶에 있어서 중심적이며 반드시 필요한 어떤 것이 결핍되어 있다는 것을 알고 있었다.

누군가가 그를 교회로 나오게 해서, 그는 2년 전에 우리 교회에 나오기 시작했다. 시간이 조금 지난 후에 그는 나에게 말하기를, "한번은 설교에서, 목사님께서 성경에서부터 말씀을 설명하시기 시작하셨습니다. 그때 저는 소리 내어 울고 말았습니다. 여태껏 저는 그 말씀이 무엇인지를 알지 못하고 있음을 깨달았기 때문이었습니다. 그래서 저는 그토록 열심히 배우기를 원했던 것입니다."

지금 여기에, 편협한 학교 교육을 통해서 배웠기 때문에 교회라는 것이 무엇인지 잘 알고 있다고 생각했던 한 젊은이가 있다. 그런 의미에서 그는 오래된 양이다. 그러나 또 다른 의미에서 그는 새로운 양이다. 하지만 그러한 것은 상관없다. 왜냐하면, 어떠한 모임이라도 근본적인 필요는 같은 것임을 보게 되었기 때문이다.

쉐스터 산기슭에서 나의 젊은 친구는, 하나님에 대한 사람들의 욕구가 엄청나게 크다는 것을 깨닫게 해 주었다. 그들은 살아 있고 신선한 성경의 진리에 그들의 몸과 마음을 다 빼앗겨 버릴 것이다.

요점 정리와 더 생각해야 할 Point

1. 초신자와 성숙한 신자를 함께 가르칠 때 생기는 문제점에 어떤 것이 있겠는가?

1) 피해야 할 유혹들 : 초신자 / 성숙한 신자

2) 극복해야 할 장애물들 : 초신자 / 성숙한 신자

2. 초신자와 성숙한 신자 모두가 말씀의 첫 단계로 들어가는 방법은 무엇인가?

*귀납적 성경 공부

1) 짧은 구절 연구

2) 문자적으로 본문을 보도록 돕는 것

3. 같은 목장에서 초신자와 오래 믿은 신자가 다같이, 말씀이 그의 삶에 중심이 되며 변화되게 하는 방법이 있겠는가?

제 6 장

동기를 부여하는 가르침

총회가 진행되는 동안, 나는 우연히 목사님 한 분을 만났는데 그는 이렇게 말했다. "교수님, 당신은 언제인가 제 삶을 송두리째 바꾸어 놓으셨습니다."

"아주 멋진 일이로군요, 어떻게 된 일이었습니까?" 하고 나는 대답했다.

"몇 년 전 수업 중에, 당신은 제 눈을 열어서 목회에 대한 전체적인 새로운 시각을 주는 말씀을 하셨습니다."

나는 진리의 말씀이 얼마나 능력이 있는지 — 심지어 한 구절이라

하더라도 — 그리고 교사들이 다른 사람들에게 얼마나 심오하게 동기를 부여할 수 있는지를 놀라마지 않는다. 성공적인 가르침은 지성을 계발시킬 뿐만 아니라, 감정을 휘젓고, 상상력에 불을 지르며, 의지를 소생시킨다. 만약 내가 그러한 사실을 받아들이지 않았다면, 나는 절망하고 말았을 것이다. 왜냐하면, 내가 사는 것은 단지 진리를 가르치기 위해서가 아니라, 사람들을 변화시키기 위해서이기 때문이다.

물론, 동기를 부여하는 가르침은 반드시 형식을 필요로 하는 것은 아니다. 나는 학창 시절에, 야단법석을 떠는 것보다는 무감각한 상태로 했던 것이 기억에 더욱 오래 남아 있게 하는 퀼루드 교수법(Quaalude teaching)에 대해서 들은 적이 있었다. 그러한 것과 가르치는 것을 격려하는 것 사이에는 어떤 차이가 있는가? 교사들은 자신의 학생들에게 어떻게 해야 동기를 부여할 수 있겠는가?

듣는 사람들이 자신을 당신과 동일시하도록 도우라

나의 아내는 저널리스트 동인(同人)에 속해 있는데, 얼마 전에 극작가 아더 밀러(Arthur Miller)가 주최하는 좌담회가 있었다. 그녀는 두 장의 티켓을 얻게 되었는데, 나는 그녀와 함께 갈 수 있어서 기뻤다. 밀러는 자신을 소개한 후에, 질문 시간으로 우리를 초대했다.

누군가가 물었다. "밀러 씨, 당신은 훌륭한 연극이란 과연 어떠한 것이어야 한다고 말할 수 있겠습니까?"

그는 대답하기를, "훌륭한 연극이란, 제가 만든 연극들 중의 하나를 청중들 사이에 앉아서 보다가, 중간쯤 되었을 때 '그게 바로 나야!' 하고 소리치고 싶을 것입니다. 그러면 저는 제가 훌륭한 연극을 만들었구나 하고 알 수 있습니다."라고 했다.

밀러가 가장 중요한 원칙으로 지적한 것은, 훌륭한 연극에서뿐만 아니라 동기를 부여하는 가르침에서도 역시 그렇다. 우리의 마음은 우리가 동일시하는 것을 따라 움직인다.

사람들은 자기 자신을 보기를 원한다. 자신의 꿈, 자신의 필요, 자신의 문제점들, 그리고 자신의 가슴을 찢어지게 하는 것들, 그들의 현실, 그들의 경험, 그들의 감정, 그들의 노고보다도 듣는 사람들의 마음을 잘 움직일 수 있는 것은 없다. 그들은 아주 새로운 어떤 것보다도 자신과 관련되는 어떤 것을 듣기를 더 원한다. 그들은 이렇게 느끼기를 원한다. "이 선생님은 정말로 나를 이해해주고 있구나"라고.

사람들이 우리를 자신과 동일시하도록 돕기 위하여, 우리가 할 수 있는 몇 가지 사실이 있다.

• **있는 그대로를 말하라.** 완곡어법, 사탕 발림, 솜털처럼 부드러움, 두리 뭉실하게 묶어서 말하는 것을 피하라. 허황된 말과 건전한 광고를 동일시 하는 사람은 거의 없다. 있는 그대로 말한다고 해서 서로가 멀어지지 않는다. 반면에, 직접적이고 정직한 말은 힘이 있다.

나는 언젠가 남성들의 회의에서 연설한 것이 좋은 결과를 가져왔던 적이 있었는데, 내가 생각하기에는 그 이유가 바로 솔직함에 있었다. 사람들은 서양 고추냉이의 매운 맛에는 반응한다. 그들은 대담하고 사실적인 진리를 원한다.

물론, 나는 충격적인 가르침을 주장하는 것이 아니라, 솔직한 가르침을 주장하는 것이다. 사람들은 유토피아나 회전목마 타기와 같은 연설들이 아니라, 실제 세계 속에서의 보고를 자신들과 관련 있는 것으로 받아들일 것이다. 그들은 해야 할 상황보다는 그들 자신에 더욱 관심이 있다.

예를 들면, 내가 타락한 오락물들에 대해 점점 맛을 들이는 우리 문화에 대하여 이야기할 때에, 부드러운 용어로써 그것을 설명할 수 있다. 폭력과 왜곡된 성이 건전한 영화보다도 더 잘 팔리고, 마돈나(Madonna)나 로쟌 바(Roseanne Barr)가 빌 코스비(Bill Cosby)나 밥 호프(Bob Hope)보다 인기를 더 많이 끈다는 것을 보여주는, 통계 자료를 차분하게 인용하는 식으로 말이다. 그 대신에, 나는 다음과 같은 좀 더 직접적인 표현을 항상 더 좋아한다. "우리는 샤넬 5번(Chanel No. 5) 향수의 향기와 하수(下水)가스 9번(Sewer Gas No. 9)의 악취 사이의 차이점을 말할 수 없는 사회에 살고 있습니다."

• **인간이 흥미를 가지는 자료에 주안점을 두라.** 목회자이며 작가인 척 스윈돌(Chuck Swindoll)은 평범한 일에 정통한 사람인 얼마 봄벡(Erma Bombeck)의 작품들을 탐독한다. 그녀는 일상생활에 정통해 있다. 그것은 밥(Bob)이나 린다(Linda)가 사는 삶과 비교해 보면, 99퍼센트나 같다. 그래서 사람들이 그녀를 자기 자신과 동일시하게 되는 일은 그리 놀라울 것이 못된다.

그래서 나는 내가 가르치는 것을, 자신의 미취학 아동들에게 좌절감을 느끼는 부모님에 관한 것이나, 출세하는 데 있어 낙담한 회사원이나, 돈 때문에 걱정하고 있는 젊은 부부나, 신나게 소프트 볼을 하고 놀기를 원하지만 할 수 없게 된 귀여운 아이 등과 같은 것에 연관시키려고 애를 쓴다.

• **당신 자신이 힘들었을 때를 나누라.** 어느 세미나에 참석한 후에, 한 친구가 나에게 이렇게 말했다. "단 한 번만이라도 강사가 자기 자신이 죄를 지었던 것이나, 적어도 힘들었을 때에 대해서 시인하는 것을 보았으면 좋겠어. 그가 다른 부류에 속한 사람인지, 아니면 그리스도인의 삶이 과연 어떤 것인지를 내가 알지 못하는 건지……"

초월적으로 경건하며(super pious), 극단적으로 영적인(ultra spiritual) 강사는 종종 사람들에게 동기를 부여하기보다는 오히려 그들을 낙담시켜 버린다. 결국에는, 듣는 사람들이 이렇게 느끼게 만든다. "나는 정말 그러한 것은 가지고 있지 않다고 생각해. 나는 그것을 끊어 버릴 수 없어. 나는 결코 그렇게 될 수 없을 거야."

반면에, 내가 저질렀던 실수나 실패담을 나눌 때마다, 내가 가르치는 학생들은 그것이 그들에게 얼마나 중요성을 가지는지를 말하려고 숨어 있던 바위에서 나온다. 불현듯 그들은 이렇게 느낀다. "이것 봐, 나에게도 희망은 있는데!"

내가 말하고자 하는 것은, 친밀함을 나타내기 위해 감정적인 스트립 쇼를 하라고 하는 것이 아니라, 내가 모든 것을 완벽하게 알고 있지는 못한 것처럼 가르치라는 것이다. 그러한 접근은 이런 것이다. "보세요, 저는 기도에 대한 모든 해답을 갖고 있지는 못합니다. 하지만 수업을 진행하는 도중에 반드시 다루게 될 것이라고 확신합니다. 기도에 대해서 하나님께서 저에게 가르치고 계신 것을 함께 나눕시다. "아더 밀러(Arthur Miller)가 표현한 것처럼, 우리가 이렇게 할 때에, 사람들은 말할 것이다. "그게 바로 나야! 그는 나를 묘사하고 있어!"

우리는 전과 마찬가지로 여전히 성공담을 나눌 수 있다. 그렇지 않다면, 우리는 소경을 인도하는 소경일 뿐이다. 우리의 성공담을 이야기하는 것은 신뢰감을 줄 것이다. 그럼에도 불구하고, 어조는 이래야 한다. "저는 다 마친 결과에 있는 사람이라기보다는, 오히려 과정 중에 있는 사람입니다. 예, 몇 번 성공은 했습니다. 하지만 저도 늘 이런 식으로 되지는 않았습니다."

• **친밀한 관계를 형성하라.** 내가 학생들과 관계가 깊으면 깊을수록, 그들에게 준 영향은 더 길어질 것이다. 분명히, 내가 말하는 것을 쉽게 받아들이고는 서둘러 가 버리는 사람도 있다. 그러나 대부분의 학생들은 그 교사와의 개인적인 교제와 친밀한 관계를 필요로 한다.

친밀한 관계를 세우는 것은 어렵다든지, 신비로운 것이 아니다 ; 그것은 바로 학생들을 알게 되고, 또 그들로 하여금 나를 알게 하는 것이다. 심지어 교사가 개성이나 관심에 있어서 엄청나게 차이가 난다 하더라도, 그가 친구처럼 행동한다면, 듣는 사람들은 그 교사를 자신과 동일시하게 될 것이다.

그래서 나는 교수 연구실 안에 은둔해 버리지 않는다. 대학 캠퍼스로 나가는 것을 중요시한다. 학생들은 이 쪽 근방에 있는 벤치를 가리켜 "교수님의 벤치"라고 부르는데, 그것은 내가 자주 나가서 학생들과 이야기하는 곳이기 때문이다. 나는 또한 학생회관으로 가서 학생들과 함께 점심을 먹는다.

그리고 나는 어느 곳에서나 "요즘 사는 게 어때?"하는 식의 여러 가지 말로 대화를 시작한다. 얼마 지나지 않아 학생들에게 질문을 하게 되고, 때때로 나는 교실 안에서보다 그 곳에서 더 많은 것을 가르치게 된다. 하지만 중요한 결과는 이것이다. 우리가 세워 놓은 친밀한 관계 때문에, 그 학생들은 나를 자기 자신들과 동일시하여, 오히려 교실 안에서보다 더욱 동기를 부여받는 것 같다.

• **유머를 사용하라.** 한번은 수업 중에 벨이 울려 토론 시간을 방해했다. 나는 시계를 쳐다보고는 얼굴을 찌푸리며 말했다. "가끔씩 나는 저런 것을 보면, 총이라도 쏘아서 벽에서 떨어뜨려 버리고 싶단 말이야." 일주일 후, 그 반 수업을 마칠 즈음에, 나는 경고했다. "저 시계가 우리를 다시 방해할거야!" 그러자 한 학생이 일어나서 시계의 정면을 향하여 지우개를 가지고 마치 화살을 쏘듯 던졌다. 그러자 반 전체는 웃음바다가 되었다. 나는 철저히 그것을 가지고 즐겼다.

몇 가지 이유에서 유머는, 사람들이 교사들을 자신들과 동일시하도록 만든다. 사람들이 재미있는 것에 동의하게 함으로써 결속시켜 준다. 유머는 부드럽고 간접적으로 사람들의 약점을 드러내 준다. 그리고 유머는 모든 사람을 공통된 입장에 서게 한다.

사람들의 일상적인 생활이 유머가 넘치는 분위기로 가득 차 있기 때문에, 갑자기 아주 심각한 사람들을 자신과 동일시하는 데에는 어려움을 겪는다. 유머는 또한 당신들이 실재적(實在的)임을 보여준다. 그래서 내가 다루고 있는 주제가 아무리 심각한 것이라 할지라도, 나는 유머를 사용함으로써 반드시 달콤하게 보이게 한다.

학습자에게 자신감을 줄 수 있도록 말로 표현하라

달라스 신학교에서 나에게 배웠던 척 스윈돌(Chuck Swindoll)은 언젠가 내게 말하기를, "교수님께 가장 감사했던 것은, 제가 저 자신을 믿을 수 없었을 때조차도, 교수님께서는 저를 믿어 주셨다는 것입니다"라고 하였다. 그는 그의 레포트에 내가 썼던 것을 말하고 있다. "척, 만일 자네가 이것처럼 계속 써 나간다면, 언젠가 자네는 훌륭한 작가가 될 걸세." 척은 언제나 열정에 대한 부담을 가진 훈련받은 사람이었다. 하지만 부분적으로는 그의 교육에 그리고 부분적으로는 그 자신의 자아상에서 오는 이유로 인해, 그는 그것을 정말로 자신이 할 수 있다고 믿지 못했다. 그에게서 탁월한 번뜩임을 보는 천재성을 나는 가지고 있지 못했다. 하지만 그런 점에서 단지 잠재적인 능력을 가지고 있는 어떤 사람에게, 기꺼이 확신감을 표현하는 것은 내가 취할 수 있는 행동이었다.

긍정(affirmation)은 사람들로 하여금 배우도록 하고, 심지어 위대한 일을 성취하도록 동기를 부여하는 강력한 힘을 가지고 있다. 그리고 내가 일곱 가지의 지침을 따를 때, 나의 긍정은 최대한의 영향을 줄 수 있다는 것을 알게 되었다.

1. 사실 위에 근거하라. 학습자에게 긍정적으로 말할 때에, 분명치 않은 사실을 가지고 허풍을 떨어서는 안 된다. 그렇게 하는 것은 항상 예상치 않은 결과를 초래하게 된다. 만약 당신이 무분별하게 불쑥 칭찬을 내뱉는다면, 결국에는, 신용을 잃게 될 것이다. 뿐만 아니라, 진보나 잠재성을 나타내는 특별한 말을 할 때에는, "나는 당신이 하는 일을 좋아합니다"가 아니라, "당신이 쓴 글은 힘차며 명쾌합니다"라는 식으로 언급해야 한다.

2. 긍정적으로 시작하라. 교사나 설교자들은 종종 비평적인 말들을 틀에 박은 듯이 사용한다. 우리는 부정적인 말들이나 긍정적이기는 하지만 무감동적인 말로 인해 자주 괴롭다.

물론, 부정적인 말은 적절한 때에는 언급될 필요가 있다. 예를 들면, 배우고 있는 설교자의 설교에서 스물 일곱 가지의 잘못된 것보다도, 그가 옳게 했던 두 가지의 것을 먼저 알게 할 필요가 있다. 그러면 그는 어디서라도 시작하자고 할 것이다.

"학생, 이 두 가지는 자네를 위해서 계속해야 하네"하고 계속적인 동기부여를 하여, 그를 확신시킨 후에, 나는 이렇게 말할 것이다. "자네가 더 잘 할 수 있도록 도움을 주고 싶은데, 알고 싶지 않나?" 나는 아직까지 거절하는 사람을 본 적이 없다.

3. 긍정을 반복하라. 나는 탐 랜드리(Tom Landry)가 달라스 카우보이(Dallas Cowboys) 축구팀의 코치로 있을 때 만났다. 그가 다른 어떤 코치들보다도 신출내기들(Walk — ons)을 많이 가지고 있다는 것을 관찰한 후에, 그가 어떻게 선발하는지를 물어보았다.

그는 말하기를, "먼저, 잠재력을 보아야 합니다. 그러나 저는 거기서 멈추지 않습니다. 거기서 시작합니다. 그리고 그 잠재력을 행동으로 바꾸기 위하여, 아주 열심히 해야 할 것이라고 나는 그들에게 계속해서 말합니다."

그 다음에 그가 했던 말을 나는 결로 잊을 수가 없다. "저는 선수에게 그가 어떠한 능력을 가지고 있는지를 다시금 계속 되풀이해서 말해야 한다는 것을 알았습니다. 그는 저의 말을 들을지도 모릅니다. 하지만 정말 그에게 필요한 정도까지 듣는 것은 아닙니다. 저는 계속해서 그에게 말합니다. '너는 할 수 있어, 너는 할 수 있어, 너는 할 수 있어.'"

당신은 밤을 새운다든지 또는 단 한 마디의 칭찬으로, 한 학생이 부정적으로 사고하는 습관을 깰 수 없을 것이다. 몇 년 동안, 그들은 수백 번, 수천 번 부정적인 사고로 생각해 왔다. 그들에게는 그것이 깊게 뿌리박혀 있다. 그리고 실패로 인해 다져져 있다. 그리고 그것은 누구에게나 있을 수 있는 일이다. 뿐만 아니라, 심지어 우리가 학습자에게 긍정적으로 말할 때조차도, 새로운 실패는 계속해서 엄습해오고 나약함은 지속될 것이다. 오직 계속적인 그리고 반복적인 긍정이야말로 그것을 극복할 수 있게 한다.

4. 학습자가 그들 자신의 목표를 세우도록 격려하라. 일단 학생들은 계기만 제공되어지면, 나보다도 그들이 더 잘 할 수 있도록 동기부여를 할 수 있다. 나는 모든 것을 다 잘 할 수는 없다. 하지만 다른 사람들이 그리스도 안에서 그들의 은사와 잠재력을 깨닫도록 동기를

부여하여, 아늑한 보금자리를 걷어차 버리고, 그들이 비상(飛上)할 뿐만 아니라, 치솟아 오르도록 격려할 수 있다.

하루는 강의 후에, 한 학생이 찾아와서, 자기에게 어떤 도전이 될 만한 것을 보여 줄 수 없겠느냐고 물었다. 나는 그에게 할 수 있노라고 말하고는, 청소년 범죄 수용소에 있는 친구에게 전화를 해서 "여기 교육이 필요한 학생이 한 명 있네"라고 말했다.

"그 상황을 이해하네" 하고 그 친구는 나를 안심시켰다.

청소년 범죄 수용소에서, 그들은 그 젊은이를 일일이 셀 수 없을 만큼 많은 범죄를 저지른 범죄자가 있는 독방에 넣었다.

"이것 봐, 당신은 뭐하는 사람이지." 그 비행 청소년은 빈정거렸다.

"매일같이 그들은 다른 사람들을 여기에 들여보내는군. 당신은 또 누구요?" 그 학생은 신학교로 돌아온 후에, 나에게 말했다. "그 때 혼쭐이 났어요. 저는 그러한 상황까지도 잘 해 나갈 수 있도록 도움이 될 수 있는 모든 것이 필요합니다. 교수님께서 관계되는 자료들을 추천해 주실 수 있겠습니까?" 그래서 우리는 함께 앉아서, 더 높은 목표를 향하여 그를 성장시킬 수 있는, 개인적인 독서 프로그램 계획을 짰다.

5. 공개적으로 긍정하라. 나는 달라스(Dallas)에 있는 제일침례교회에 참석했다. 하루는 크리스웰(Criswell) 목사님이 한 여인을 회중들 사이에서 강단으로 불러내었다. 그는 말하기를, "메리 선생님은 우리 교회 소년부에서 칠 년 동안 선생님으로 봉사해 오셨습니다. 그리고

방금 소식을 접하게 되었는데, 지난달에 그녀의 반에 있는 세 명의 소녀가 예수 그리스도를 영접하게 되었다고 합니다. 그래서 저는 여러분들이 이 사실을 알기를 원합니다." 전 교인에게서 박수갈채가 터져 나왔다.

이렇게 하는 것은 단지 그 교사만 격려해 주는 것이 아니라, 사람들이 "나는 어디에 가입해야 하지?" 하고 생각하게끔 한다는 것을 볼 수 있었다.

6. 그들이 발견한 것에 대해서 흥분하라. 우리는 그들을 존경함으로써 학습자들에게 자신감을 줄 수 있다. 교사인 경우에는, 학생들의 생각이나 발견을 진지하게 수용하는 것을 의미한다. 만약 학생들의 통찰력은 무시하고 우리가 알고 있는 것에 대해서만 열중해서 말한다면, 학생들은 자신이 마네킹과 같다는 생각이 들 것이다. 소용돌이가 배를 빨아 삼켜버리는 것처럼, 우리는 그들이 성경에 대해서 이해할 수 있는 것에 대한 자신감마저도 해친다.

그 대신에, 나는 학생들을 믿을 수 없을 만큼 총명하게 여긴다. 나는 내가 발견했던 것보다도 학생들이 발견하고 있는 것에 대해서 더 크게 흥분한다. 레포트 도처에 지지하는 글을 써 놓는다. 그리고는 다른 사람들에게 "이것 한번 읽어보게!" 하고 말한다.

삼십 년 전에 내가 같은 것을 배웠다 하더라도, 마치 나 자신이 같은 발견을 하고 있는 것만큼 흥분한다. 그리고 그것은 단지 쇼에 그치지 않는다. 학생들이 배우는 것을 보면서 진심으로 감동한다.

7. 잠재력을 두드러지게 강조하라. 능력뿐만 아니라 잠재적인 능력

도 동기를 유발시킨다. 만약 구멍이 뚫리지 않은 유전(油田)과 같은 기술이 내 속에 있음을 안다면, 나는 그것을 파내고 펌프질하려고 동요를 일으키기 시작할 것이다. 잠재력을 인식하게 된 학생들은 이렇게 말할 것이다. "그래, 내가 지금은 실수하고 있지만, 언젠가는 좋은 부모가 될거야", "언젠가는 다른 사람들을 그리스도께로 인도할 수 있을거야", "언젠가는 다른 사람들을 상담할 수 있을거야."

내가 휘튼 대학(Wheaten College)에 다닐 때, 나에게 가장 크게 동기부여를 해 주었던 사람은, 메릴 테니(Merril Tenney)였다. 나는 그가 그러한 불을 어떻게 붙이는지를 안다. 그는 나를 믿어 주었고, 그러한 확신으로 대화를 나누었다. 한번은 팔로 나를 감싸고 말하기를, "하위, 하나님께서는 너를 위한 아주 큰 계획을 가지고 계신다고 나는 믿어. 그리고 네가 알아주었으면 하는 것은, 나는 백 퍼센트 너의 편이라는 거야." 여기에 아직 젊고 미숙한 내가 있다. 그리고 위대한 신약 신학자인 그가 있다 — 그리고 그는 나를 믿었다. 그는 나의 잠재성을 보았다. 그것은 나를 더 높은 것들로 몰아내었다. 나는 그가 내 속에서 보았던 것을 성취해내기를 원했다.

사람들에게 기술을 익히게 하라

달라스 신학교(Dallas Seminary)와 다른 곳에서 연구를 수행하면서 알게 되었던 것은, 학생들 사이에서 제일 문제가 되는 것이 바로 자신감의 결핍이었다. 그들은 불확실함 때문에 방해를 받고, 무능해지고,

낙담해 버린다. 그런데 알고 보면, 이 사람들은 지위가 높은 사람들이며, 평점 B 나 그 이상을 받는 진지한 학생들이며, 우수한 학교를 졸업한 학생들이다.

나는 그들이 우리 문화의 산물이라그 생각한다. 자신감은 편안한 생활에서 오는 것이 아니라, 역경을 극복하는 데서 오는 것이기 때문이다. 우리 학생들 중의 대부분은 풍족한 생활을 지냈다. 그들은 중대한 경제적 침체를 겪어보지 않았고, 심각한 가인적인 역경을 극복해 보지 않았다. 그들은 자신의 존재의 중심부를 검사해야 하는 어떤 것에 직면하거나, 전적으로 하나님께만 의지해야 하는 극한의 상황에까지 이른 사람이 거의 없다.

"내게 능력 주시는 자 안에서 내가 모든 것을 할 수 있느니라" 라는 말씀처럼, 동기부여는 자신감에서 온다. 바울은 빌립보서에서 그 앞 절에 씌어진 모든 적대적인 환경에 더해서 하나님의 도움으로 그가 극복했었다고 말한 이후에야, 그 말씀을 하고 있다. 바울은 하나님께서 그를 통해서 역사하실 수 있었다는 것을 그 자신을 통해서 증명했다.

아웃워드 바운드(Outward Bound)와 같이 막막한 곳에서의 캠핑 경험이 이 세대의 많은 젊은이들에게 도움을 주고 있는 것은 바로 그런 이유에서이다. 이백 피트 절벽에서 뛰어내려 밑바닥까지 현수하강(懸垂下降) 한 후에, 그들은 새로운 사람으로 태어난다. 인생이 가지지 못하는 것을 그들에게 주는 기회이다. 굉장한 도전과 새로운 기술을 아주 짧은 시간 안에 한 묶음으로 묶어서 체험할 수 있다.

그래서 동기를 부여하는 가르침은 언제나, 해야 하는 것들(ought — to's)에만 관심을 가지는 것이 아니라, 어떻게 하는 것(how — to's)인지에 대해서도 관심을 가진다. 어떻게 하는지에 대한 것도 없이, 단지 해야 하는 것만으로는 실제적으로는 실패를 점점 느끼게 함으로써, 사람들의 사기를 꺾어 놓을 뿐이다. 그것은 마치 신입 축구부원들에게 세계 타이틀을 석권한 축구 팀의 영화를 보여주면서, 그것을 해내는 데 필요한 기술은 지도하지 않고, "너희들은 저렇게 해야만 해" 하고 말하는 것과 같다. 정상에 이르는 비슷한 길도 없이, 그들이 서 있는 지점(where they are)과 그들이 서 있어야 하는 지점(where they should be) 사이의 간격이 너무 멀리 떨어져 있다. 하지만 기술과 능력은 그 길을 보여줌으로써 격려한다.

예를 들면, 평범한 사람은 원래 성경을 읽고 연구하는 것을 회피한다. 왜냐하면, 그는 방법을 알지 못하기 때문이다. 그는 직접 하나님께서 말씀하시는 것을 알고자 한다. 그러나 성경이 전문 직업인이나, 목회자들이나, 유능한 사람들을 위해서 있는 것이라고 가정한다. 그는 단지 목수, 판매원, 트럭 운전수, 회사원일 따름이다. 그래서 그는 남들에게 웃음거리가 되지 않는 방법으로 — 안내를 한다든지, 잔디를 깎는다든지 — 교회에서 자신의 위치를 차지하고 익히게 된다.

몇 년 전에, 나는 달라스 카우보이(Dallas Cowboy) 축구팀의 선수들에게 성경을 가르쳤다. 최전방 쿼터백인 로저 스토백(Roger Staubach)은 말하기를, "이것 보세요, 당신은 그룹 선택을 잘못했어요. 여기에는 체격은 좋지만 공부에는 관심이 없는 사람들만 있어요"

하면서 반대하던 것을 기억한다. 그러나 그가 틀렸었다. 그들은 성경 공부에 열중하게 되었던 것이다. 조감독인 댄 리브즈(Dan Reeves)는 한 학기를 마친 후에 와서 말하기를, "박사님, 제가 인생 전체를 통해서 배웠던 것보다 더 많은 것을 이번 수업 한 시간 동안 배웠습니다. 왜 그럴까요?"

나는 그에게 단지 기술을 갖추게 했기 때문에, 그는 스스로 성경을 공부할 수 있었다.

필요한 것들을 말하라

교사가 가르치도록 격려하는 것과 학생이 배우도록 동기를 부여하는 것에는 언제나 두 가지 차이점이 있다. 교사들은 종종 지식이나 경험의 체계 속에서 다른 사람들이 알기를 원하는 중요한 진리와 영감을 발견한다. 그 반면에, 학습자는 일반적으로 그들이 느끼는 필요(felt needs)에 의해서 동기를 부여받는다. 그러한 기준으로 그들은 늘 세계를 바라본다. 결국, 교사들은 종종 배우는 사람들이 질문하지 않는 것들까지도 대답하고 있다.

그렇지만 교사들이 배우는 사람들에게 필요한 것들을 말한다면, 그들에게 동기를 부여하는데 결코 부족함이 없을 것이다. 사람들은 고통이 커지면 커질수록, 배우고자 하는 동기가 커진다. 어느 부부의 결혼생활이 산산조각 나 있음에도 불구하고, 그들은 "정의 평화"라는 설교 시리즈를 듣도록 강요될 것이다. 그러나 그들은 "하나님의 주권과 인간의 자유의 조화"라는 시리즈에 마음의 절반을 둘 것 같다.

하지만 느끼는 필요 — 새 직업, 덜 소모적인 생활, 조화로운 가정과 같은 — 는 종종 단지 근본적인 필요 — 의미, 안전, 동역자 의식과 같은 — 의 증상일 뿐이다. 성경은 근본적인 필요들을 상세히 말해주고 있다. 동기를 부여하는 교사들은 그러한 근본적인 필요들을 표면으로 부상시켜서, 느끼는 필요와 연결을 지어 준다.

예를 들면, 두려움으로 무능해진 어떤 사람은, 그가 직업을 잃게 되지 않을 것이라는 확신감을 갈망할지도 모른다. 하지만 그의 참된 필요는 그를 결코 버리지 않으실 하나님을 신뢰하는 것이다. 만약 내가 하나님을 더 잘 알게 함으로써 두려움과 번민을 극복하게 하는 데 중점을 둔다면, 실제로 그의 직업이 사라져 버린다 하더라도, 훨씬 더 높은 수준의 신뢰를 갖게 될 것이다.

많은 교사들은 말은 잘 하지만 듣는 데는 부족하다. 내가 목회자들에게 권장하고 싶은 것은, 교인들과 함께 아침을 먹으며, 조용히 이렇게 질문하는 것이다 : "요즘 생활하시는 것은 어떻습니까? 잠을 못 이루게 하는 문제가 혹 있습니까? 아내와 불화를 일으키는 문제는 무엇입니까? 당신이 불충분하다고 느끼는 부분은 어디입니까? 요즘 고심하고 계신 것은 어떤 것입니까?"

평신도들은 목회자들이 주일 아침에 하늘로부터 내려와서 주일 밤에는 다시 승천하기 때문에, 이 지구에서 살고 있지 않다고 종종 느끼고 있다. 당신이 그들과 함께 나누었던 대화에 근거한 주제를 가지고 설교한다면, 사람들은 그들이 보내고 있는 편지를 읽고 있구나 하고 생각할 것이다. 자기 교회 목사님께서 이렇게 하시는 것을 보고, 어떤 사람은 나에게 와서 말하기를, "우리 목사님은 현실과 싸우고 있어요"라고 했다.

심지어 교리적인 가르침 만큼 추상적인 어떤 것조차도 필요에 의해서 접근할 수 있다. 오늘날에는 신학에 대해서 아무래도 상관없다고 생각하는 사람은 거의 없다. 하지만 신학을 알든 모르든 간에, 그들은 열정적으로 그것에 대해 관심을 가진다. 어떤 사람의 아내가 방금 죽었을 때에, 그는 반드시 하나님의 주권이라는 주제에 관심을 가진다. 그는 단지 그의 필요를 그런 식으로 표현할 수 없을 뿐이다.

그러므로, 나는 삶의 정황을 특정한 교리와 연관지어서 사례 연구를 통하여 신학을 가르치는 것이 가장 낫다는 것을 알았다. 나에게 있어서, 신학이란 이은 부분도 없이 조직적으로 된 지식 체계에 대한 연구가 아니라, 인생의 가장 어려운 문제점들의 대답에 대한 연구이다.

그리고 성경이 사람들의 생활을 신앙심이 깊어지게 변화시키고, 더 나은 사람들이 되게 하며, 질문에 해답을 주며, 결정할 일들을 인도하며, 진리를 발견하게 할 것이라고, 내가 그들에게 확신시킬 수 있다면, 그들은 그것을 배우는 데 불이 붙을 것이다.

결국, 동기를 부여하는 교사는 잘 듣는 사람이다. 존 스토트(John Stott)는 말하기를, "교사는 그들이 무엇을 가르쳐야 하는지에 대해서 뿐만 아니라, 듣는 사람들이 무엇을 배워야 할 필요가 있는지에 대해서도 연구할 필요가 있다"라고 하였다.

그러나 한 가지 요소가 더 있다. 존 스토트는 나에게 이렇게 말한

적이 있다. "만약 당신이 현대적인 것에 대해서 관심을 가지지 않는다면, 성경적으로 되기가 힘듭니다. 그리고 만약 당신이 성경적인 것에 관심을 가지지 않는다면, 분명히 현대적으로 되기가 힘듭니다. 성경적인 것과 현대적인 것, 그것이 바로 기독교 의사 소통의 기술입니다."

그리고 그것은 또한 사람들에게 배우려고 하는 동기를 부여하는 중요한 핵심이다.

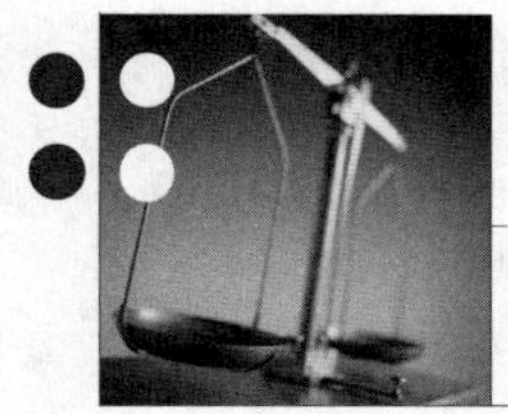

요점 정리와 더 생각해야 할 Point

1. 듣는 사람들이 자신을 당신과 동일시하도록 돕는 방법에 어떤
것이 있겠는가?

1) 있는 그대로 말하라.

2) 흥미를 가지는 자료에 주안점을 두라.

3) 자신이 힘들었을 때를 나누라.

4) 친밀한 관계를 형성하라.

5) 유머를 사용하라.

2. 학습자에게 자신감을 줄 수 있는 방법 중 당신에게 효과적인 것
은 어떤 것인가?

1) 사실 위에 근거   2) 긍정적으로 시작

3) 긍정인 반복

4) 학습자가 그들 자신의 목표를 세우도록 격려

5) 공개적으로 긍정

6) 학습자들이 발견한 것에 흥분함

7) 잠재력을 두드러지게 강조

> 나는 교회의 심장의 고동은 성인들임을 언제나 느낀다.
> 예수께서는 어린이들을 사랑하셨다.
> 그러나 그는 어린이들을 부르시지는 않았다. 그는 성인들을 부르셨다.
> ― 로베르터 헤스턴즈(Roberta Hestenes)

제 7 장

성인들을 가르치는 독특한 임무

몇 년 전에, 내가 아는 기독교인인 변호사가 그 교회 위원회에서 성인 교육 프로그램의 의장으로 임명되었다. 그는 아주 쾌히 그 프로그램을 감독하려고 했다. 그는 기꺼이 가르치려고 했다. 그는 훌륭한 교사였다. 하지만 그는 학습 과정을 받는 것은 전혀 원하지 않았다. 그래서 그 이유를 물었다.

"저는 어릴 때 주일학교에서, 기독교 신앙에 대한 제가 알아야 할 필요가 있는 모든 것은 다 배웠습니다. 이제 저는 성인이고, 과제가 있다면, 제가 이미 알고 있는 것을 손상시키지 않고 그대로 남아 있게 하는 것일 뿐입니다"라고 그는 대답했다.

그에게 있어서 성인 교육이란, 젊을 때 기독교 교육의 기회를 어쩌다 놓쳐 버린 성인들이 부족한 학력을 보충하는 것이었다.

이것은 특별한 사람의 관점이 아니다. 어떻게 보면, 교육한다는 것은 사람들이 젊을 때 하는 어떤 것이다, 라는 생각이 우리 문화 속에 있는 모든 교육에 대한 일반적인 태도이다. 어떤 점에서 당신은 졸업하면서 교육에 대한 모든 것을 만족한다. 심지어 더 나쁜 것은, 졸업에 대한 태도가 "아! 고마워라, 나는 이제 더 이상 해야 할 필요가 없겠지"라고 한다는 것이다.

종종 우리의 주일학교나 젊은이들의 프로그램을 학교 교육 경험과 병행시킨다. 그래서 우리는 다음과 같은 메시지를 잠재 의식 속에서 보낸다 : 교육은 어린이들을 위한 것이다. 일찍 하면 일찍 할수록 좋다.

그러나 그러한 태도는 방향이 바뀌어질 수 있다. 내가 어느 교회에 처음 갔을 때, 사천 명의 교인 중에서 주일 아침 성경 공부반에 참석하는 사람은 이백 명도 채 안 되었다. 그것은 교인 중에서 단지 5%만이 성인 교육에 포함되어 있음을 의미했다.

결국 우리는 약 25%인 1,000명의 성인이 참석하도록 증가시키는 방법을 알게 되었다. 지금도 현상적으로만 아니라, 훨씬 더 나아졌다. 분명한 것은, 아주 많은 성인들에게 있어서 성인 교육에 대한 관점이 바뀌어 졌다는 것이다.

그러므로 내가 다양한 교육적인 배경과 생각들로, 성인들을 참석하도록 만들었을 뿐만 아니라, 그들의 삶을 변화시켰을 때에, 내가 지도했던 몇 가지 통찰력을 여기에서 말하고자 한다.

성인 교육의 중요성

먼저, 성인 교육의 중요성에 대해서 생각하며 일했던 나 자신과 내가 사역했던 교회를 언급해야겠다. 종종 어린이 교육과 청소년 교육은 교회에서 수위를 차지한다. 또 그럴만한 충분한 이유가 있다. 하지만 종종 성인들이 그 대가를 치러야만 한다.

나는 어린이와 청소년들에 대한 중요성을 무시하지 않고도, 교회의 심장의 고동이 성인들임을 언제나 느낀다. 예수께서는 어린이들을 사랑하셨다. 그러나 그들을 제자로 부르시지는 않으셨다. 그 분은 성인들을 부르셨다. 예수께서 어린이들을 가르치셨다는 것을 우리는 복음서에서 찾아볼 수가 없다. 하지만 예수께서 성인들을 가르치셨다는 말씀은 아주 많이 발견된다.

더군다나, 좋게 하든 나쁘게 하든, 이 세계의 방향을 결정하는 사람은 성인이다. 그리고 멸망해가는 세상 속에서 빛과 소금으로 부르심을 입은 사람들도 그리스도인 성인이다. 성인들은 투표를 한다. 성인들은 정부, 학교, 법인체, 노동조합, 사회단체, 자선단체, 그리고 우리 사회의 여러 단체에서 일하고 있으며, 그것을 통제한다. 성인들은 실제적으로 각자의 가정에서 제자로 부르심을 받았다. 교회의 우선적인 결의 사항과 예산을 결정하는 것도 성인이다. 성인들을 가르치는 것은 기독교적 목회 사역과 사회적인 변화라는 연장선상에 불을 붙이는 것이다.

그 까닭에, 우리가 성인들에게 설교를 할 때에, 중요한 이슈들로 설교 할 수 있다. 예를 들면, 많은 그리스도인 남성들이 중년이 되어서, 결혼 생활에서의 권태감, 교회에 대한 환멸, 아무런 목적도 없어 보이는 고통과 같은 이슈들로 괴로워하고 있다.

하지만 종종 그들은 이러한 문제들을 침묵하면서, 동감하거나 심지어 들어줄 사람조차도 없어, 혼자 고민한다. 성인교육이라는 것은, 사람들이 자신의 두려움을 이해하도록 도우며, 다루기 힘든 이슈들을 성숙한 기독교적인 관점으로 풀어 나가도록 도울 수 있는 중요한 특권을 가진다. 우리는 인간의 고통과 근심과 희망과 기쁨의 두근거리는 맥박을 다룰 수 있다.

변호사인 나의 친구가 나에게 지적했던 것처럼, 문제는 오늘날 교회에 있는 많은 사람들이 성인이 되었을 경우, 성경을 이해하는 데에 결코 집중하지 않는다는 것이다. 그들은 성경이, 그들이 살고 있는 현실 세계에 대해서 어떤 특별한 것이나, 도움이 될 만한 것을 말해주고 있지 못하다고 가정하려는 경향이 있다. 그들은 성경이 일상 생활의 기초 위에서 연구되고 또 상호 작용하도록 요구되는, 뚜렷한 진리가 있는 생활 속의 진술이라기보다는, 오히려 어린 시절의 유물로 보인다.

하지만 성경은 원래 성인들을 위해 씌어졌다. 성인들의 질문에 대답하고, 성인들의 문제를 다루기 위한 것이다. 그러므로 결국 교회의 교과서인, 하나님의 말씀은 궁극적으로는 성인들을 위하여 발송되었고, 성인 교육은 그것을 열어보는 기회이기 때문에, 성인 교육은 교회에 필수적인 것이다.

우리가 가르치는 성인들은 누구인가?

성인들은 어린이들이 배우는 것과 다르게 배운다. 그래서 나는 성인들을 가르칠 때마다, 성인 학습자들의 독특한 특성들을 염두에 두는 것이 유용하다는 것을 알게 되었다. 맬콤 노울즈(Malcolm Knowles)는 그의 저서, 「현대 성인 교육의 실제」(*The Practice of Modern Adult Education*)라는 책에서 나에게 다음과 같은 통찰력을 주었다.

• **성인 학습자는 스스로 통제한다.** 성인들은 스스로가 자신을 통제하며, 자신의 삶을 책임지는 사람으로 간주하기를 좋아한다. 그러나 때때로 우리는 무심코 그들이 거의 대부분의 어린이들과 같이 의존적이라고 느낄 수 있다.

예를 들면, 당신이 사람들을 줄을 따라 앉게 하려고 할 때, 많은 성인들은(심지어 단지 잠재 의식만으로라도) 자신이 지금 어린애와 같은 상황에 있다고 느낀다. 많은 사람들이 학창 시절을 그렇게 긍정적으로 보지는 않기 때문에, 성인이면서 교실로 다시 돌아가게 하는 것은 불행한 암시를 가져다준다.

더군다나, 그들은 다른 사람이 알기 쉽게 풀어서 설명한다든지, 윗사람이 아랫사람에게 은혜를 베푸는 듯한 태도로 상대방을 대하는 상황 속에 놓여지기를 원하는 사람은 거의 없다. 교사가 "전문가"이고 학습자는 "듣게 될" 때, 성인은 배우는 환경에 대해서 거의 책임을 느끼지 않는다.

물론, 성인들 중에서도 어떤 이들은 그러한 방법으로 배우는 것에 대해 문제 삼지 않는다. 하지만 대부분의 성인은 반발하고, 결국 자신의 발로 결정해 버린다. 그들은 다른 성경 공부반을 찾든지 ― 심지어는 다른 교회를 찾든지 하여, 그들이 6학년 때 그림블(Grimble) 선생님의 반에 있었던 일들을 다시는 만나지 않으려고 할 것이다.

• **성인 학습자는 경험이라는 거대한 저수지를 쌓아올렸다.** 성인들은 자라면서, 점점 더 자신의 경험과 판단을 신뢰하는 법을 배우게 된다. 그래서 그들 자신이 실제 세계에서 겪었던 것과 반대되는 것을 다른 사람으로부터 들을 때에는, 검증하게 된다. 만약 교사가 말하는 것이 그들 자신의 경험과 연결되지 않거나, 경험에 의해 근거가 있는 것으로 증명되지 않는다면, 교사의 메시지를 진지하게 받아들이지 않을 것이다.

우리는 이러한 경험을 교실에서 잘 선용할 수 있음을 알고 있다. 예를 들면, 한번은 혼혈 가정(blended family)에 대한 과목을 진행시키기를 원했다. 그래서 처음에는, 그 과정을 가르칠 전문가(말하자면, 심리학자)를 초빙하려고 생각했다. 그러나 결국 그 수업에 참석할 사람들의 경험을 끌어들이기로 결정하였다.

그래서 나는 내가 만나는 몇몇 혼혈 가정을 초대했다. 그리고 그들에게 다음과 같은 질문을 하였다. "혼혈 가정에서 부모와 자녀들 간의 관심사 중, 있다면 다섯 가지 정도 말씀해 주시겠습니까?" "당신들의 필요는 무엇입니까?" "어떤 점에 상처받기 쉽습니까?" "당신들의 상황에서 가장 도움이 되는 것은 무엇입니까?" "혼혈 가정이 겪는 경험 중에서 아직 아무도 말하지는 않았지만, 당신이 말하고 싶은 것이 있다면, 무엇입니까?" "기독교 신앙이 당신들에게 어떻게 도움이 되었습니까?" 우리는 문득 떠오르는 멋진 생각들을 했고, 기초가 되는 성경과 뼈대가 되는 인간의 경험을 가지고 그 과정을 잘 수행할 수 있었다.

• **성인들은 그들의 일, 역할, 정체성을 향하여 정렬되어 있다.** 이 말이 의미하는 것은, 학습자의 자기 정체성 — 부모, 배우자, 노동자, 전문인, 레크레이션 지도자 — 은 학습자가 무엇을 배우기를 원하는지에 깊은 영향을 준다는 것이다. 훌륭한 성인 교육은, 세상에서 사람들의 역할과 기능으로 간주되는 것들과 그리고 사람들 자신에 대한 이미지와 밀접하게 연결되어 있다.

예를 들면, 여성들은 그들의 역할과 기능에 있어서 필수적으로 우리 문화 속에 관여하고 있다. 특별히 만약에 그녀의 많은 여자 친구들이 직업을 가지고 있다면, 전통적인 아내나 어머니가 되기로 결정한 여성은 자기의 그러한 역할과 관련된 것에 많은 시간과 정력을 보낸다. 그리고 그녀가 사십대 중반쯤 되어 자녀 양육이라는 자신의 일을 끝낼 때, 그 다음 35년 동안은 무엇을 해야 할지를 생각해야만 한다. 그녀에게 있어서 신앙이라는 자원은 어떠한 의미를 가지겠는가?

효과적인 성인 교육 프로그램은, 성경적인 커리큘럼을 통해서 그러한 역할들에 대한 관심을 통합시켜 줄 것이다.

• 성인들은 바로 사용할 수 있는 지식을 원한다. 단순히 성경을 알기 위해서 성경을 알려고 하고, 단지 그들이 배우는 것을 즐기기 때문에 신학이나 교회사나 기독교 철학을 알려고 하는, 즉 배움 자체를 위한 배움에 관심이 있는 성인은 아마도 10%정도 밖에 안 될 것이다. 대부분의 어린이나 청소년들과는 달리, 언젠가 그들이 사용하게 될지 사용하게 되지 않을지도 모르는 학리적인 지식을 기억하기를 원하지 않는다.

대부분의 성인들에게 있어서, 그들의 어린 시절은 지나가 버렸고, 이제 그들은 실제적으로 배워서 도움이 되는 것을 원한다. 그들은 지금 사용할 수 있는 정보를 원한다. 그들은 일상 생활에 연결되는 것들을 원한다. 십대들의 훌륭한 부모가 되는 방법에 관한 강의보다도, 히브리서에 있어서의 교리적인 주제에 관한 강의가 훨씬 팔리기 힘들다. 이것은 당신이 히브리서를 피해 가라는 말이 아니라, 당신은 그들이 질문하고 있는 것과 그것을 연결시켜야 한다는 것이다.

그러므로 나는 자주, 그 강의의 주제가 학습자의 느끼는 필요와 들어맞는 기회의 창문인, 가르칠 만한 순간을 성인들의 생활 속에서 포착하려고 한다.

예를 들면, 나는 종종 "아이들 교육의 중요성"이라 불리는 강의를 진행한다. 그리고 부모가 이 수업에 가장 관심을 가지고 있는 때가 바로, 아기가 태어난 지 몇 달 이내라는 것을 알고 있다. 이 년이 지난 후에는, 이미 부모가 되는 방법을 그들 자신이 알고 있다고 느낀다. 그들은 아이를 키우는 방법을 결정해 나간다. 하지만 조금만 지나면, 그들의 자녀는 새롭고 더욱 도전적인 국면으로 이동하게 되고, 그때에 가르칠 만한 새로운 순간이 발생할 것이다.

그래서 우리가 해야 할 일들 중 하나는, 사람들이 새로운 도전에 직면하여 새로운 상황에 천착하며, 새로운 역할을 하기 위해 애쓰고 있는, 생활 속의 그러한 전환점에서 그들을 잡는 것이다.

물론 그 말은 성인들의 필요가 수업을 결정해야 한다는 것은 아니다. 나는 성인들이 필요를 느끼는 부분에 대해서 다루어야 한다는 필요성을 알고 있음에도 불구하고, 대부분의 나의 가르침은 본질적으로 성경 중심이다. 하지만 항상 성경과 실생활 사이의 중요한 연계성을 발견하려고 애쓴다.

성인들과 관련된 가르침

성인 학습자들의 특성을 생각하는 동안, 나는 가르치는 방법을 체계화하여 성인들과 연결시킨다. 나에게는, 최소한 다섯 가지의 핵심이 있다.

1. 성인은 성인으로 대하라. 이렇게 분명한 점이, 불행하게도 때때로 간과되고 있다.

내가 성인 교육 프로그램으로 섬기던 어느 교회에서, 한 여선생님이 자기가 맡은 학급이 그녀의 눈 앞에서 거의 다 사라져 가는 것을 보고 당황하여 나를 찾아왔다.

그녀는 말하기를, "목사님께서 오셔서 저희 반을 관찰해 주셨으면 해요. 이제 몇 명 남지 않았는데, 저희 반이 완전히 다 사라져 버리기 전에 제가 무엇을 잘못하고 있는지 말씀 좀 해 주세요."

그래서 나는 그녀의 반을 방문했고, 금방 무엇이 잘못되어 있는지를 알 수 있었다.

"자, 수업은…" 그녀는 방 하나 가득 메운 2학년 학생들에게 가르치는 것보다도 더 보호하는 듯한 목소리로 말했다. "우리 성경을 폅시다. 요한복음 3장입니다. 그것은 서신서가 아니라, 요한이 쓴 복음서입니다. 만약 여러분 중에 제가 강단 위에서 보고 있는 성경과 같은 것을 가지고 계신 분이 있다면, 927페이지를 찾으면 발견할 수 있을 것입니다. 여러분의 손가락으로 여백을 따라 쭉 가면, 16절을 발견할 수 있을 것입니다. 이제 모두 다 그 구절을 찾았습니까?" 그녀의 방식은 하나하나 짚어가며 가르치는 것이었다. 그녀의 반이 증발해 버린 것은 결코 놀라운 일이 아니었다!

그러나 성인을 성인으로 대하는 데 있어, 목소리나 가르치는 방법보다 더 중요한 것이 있다. 그 반의 분위기 자체가 그들의 감성을 고려해야만 한다.

하지만 불행하게도, 교회의 많은 교실은 꼭 교회 교실과 같은 냄새가 난다 : 오래되고, 진부하고, 단조롭다. 비록 교회 안에 있는 우리에게는 그러한 냄새가 익숙하다 할지라도 새로 온 사람들이 친교를 하는 데는 이상하게 짜증나게 할 수도 있는 것이다.

"냄새를 맡음"이라는 것은, 단지 후각적인 감각 이상을 말한다. 교회에서, 우리는 "냄새"를 볼 수 있다. 많은 교회들 – 특별히, 작고 오래된 – 은, 다 부서진 리놀리엄 마루바닥에, 싸늘하고 잘 펴지지 않는 의자들과, 주일학교에 관한 포스터가 수십 장 씩 붙어 있는 무슨 토굴과 같은 지하실에 성인 교육을 맡겨 놓고 있다.

많은 새로운 그리고 큰 대형 교회들이 성인들에게 매력이 있는 이유는, 이러한 교회 "냄새"를 가지고 있지 않기 때문이다. 그들은 창문, 햇살, 신선한 공기, 깨끗한 화장실, 산뜻한 페인트칠, 매혹적인 시각 자료들, 편안한 의자, 즉 간단히 말하면, 뭔가 살아 있고, 열려 있는 듯한 장소를 보여주는 모든 것을 가지고 있다.

우리는 우리 자신의 교회를 보면서, 이렇게 자문해 보아야 한다. "여기는 성인들이 함께 모여서 시간을 보낼 만한 장소인가? 깨끗해 보이는가? 의자는 편안한가? 사람들이 들을 수 있겠는가? 미학적인 고려는 성인의 감각을 즐겁게 해 주는가?"

또 다른 고려 : 그 자리에 방문객이 있다고 가정해보라. 그들이 불편해 하거나, 너무 잘 띈다고 느끼겠는가? 사람들이나 교회의 문화는 다양하다. 그러나 나는 나이가 들면 들수록, 일어서서 질문 받고 나 자신에 대해서 이야기하는 새로운 상황으로 들어가고 싶은 마음이 적어진다. 그리고 만약 나라도, 주어진 사회적인 분위기가 불편함을 느끼게 한다면, 그 후에는 피하려는 경향이 있다.

2. 진단은 필요하다. 나는 계속해서 내가 가르치는 사람들이 어디

에 있으며, 필요한 것이 무엇인지를 점검해 나가는 과정 중에 있다. 내가 이것을 행하는 데는 세 가지의 주요한 방법이 있다.

• **인터뷰:** 나는 기독교 교육 위원회가 교회에서 성인들을 인터뷰하게 해 왔다. 총괄적으로 같이 하는 것은 역시 도움이 될 수 있다. 하지만 1:1 또는 2:1로 하는 인터뷰는 성인 교육에 있어서 놀라운 결과를 거둔다.

내가 제안하고 싶은 것은, 사람들을 다양한 범주를 통해 인터뷰를 하게 하는 것이다. 갓 결혼한 부부, 결혼한 지 삼 년이 안 된 부부, 오래된 회원들, 과부들, 독신자들, 한 명의 자녀를 둔 부모들, 청년기의 부모를 둔 부모들, 사업하는 사람들, 직장 여성, 가정 주부, 이혼한 사람들 — 물론, 정확한 범주는 그 교회 구성원의 성격에 달려 있다.

그렇게 하고 나서, 목회자와 /나(and /or) 교회 교육위원회 위원들은 다음과 같은 질문을 함으로써, 개인이나 부부와 대화를 나눌 수 있다.

— 최근 이 년 동안, 변천이나 변화나 위기를 경험한 적이 있습니까? 그 기간 동안 당신이 대처하고 자라가도록 교회는 어떻게 도왔습니까?

— 영적인 순례길에서 당신은 어느 단계에 와 있습니까? 이제 시작했습니까? 자꾸 넘어집니까? 이미 성숙했습니까? 당신이 지금 어느 위치에 서 있다는 것을 어떻게 느낍니까? 당신이 그리스도인으로서 자라가도록 교회는 어떻게 도울 수 있겠습니까?

— 당신이 직면했던 필요 중에 교회가 청원할 수 있는 것은 어떤

것이 있습니까? 당신이 그것을 다룰 수 있도록 우리가 어떻게 해 주면 좋겠습니까?

그 대답들이 모이면, 성인들을 가장 잘 가르칠 수 있는 방법에 대해서 엄청난 빛을 던져 줄 수 있다. 그래서 그들의 필요에 대해서 설교할 수 있다.

• **예비 검사:** 필요를 진단하는 또 다른 방법에는 예비 검사가 있다. 새로운 시리즈를 시작하는 첫 번째 주일에, 나는 종종 자그마한 시험 ― 완성하기에 간단하고 쉬운 ― 을 치른다. 그 시험을 통해서 그 모임의 구성원들이 성경을 이해하고 있는 일반적인 수준을 알 수 있다. 예를 들면, 로마서에 나오는 네 개의 핵심 단어의 의미를 물어보는 5분 퀴즈를 칠 수도 있다. 이것은 학생들이 "은혜"나 "구원"과 같은 단어의 개념을 얼마나 잘 이해하고 있는지, 그리고 실제로 내가 가르쳐야 할 필요가 있는 것과 적용을 해야 할 것이 무엇인지를 말해 준다

가끔씩 나는 학생들 전체가 체크할 수 있도록 간격을 두고 세 장에서 다섯 장 정도의 카드를 돌린다. 그리고는 질문한다. "지금까지 당신이 배운 것 중에서 가장 중요한 것은 무엇인가?" 또는 "로마서에 대해서 아직까지 가지고 있는 가장 큰 질문은 무엇인가?" 그러한 피드백은 학습자의 맥박을 손가락으로 계속 재고 있도록 도와줌으로써, 그 과정의 중간에 수정할 수 있도록 도와준다.

• **관찰:** 수업 중에 주의 깊게 머물러 있음으로써, 단지 그들을 바라보는 것만으로도 사람들에 대한 아주 큰 통찰력을 얻을 수 있다.

예를 들면, 나는 사람들이 어떻게 교실을 들어가는지를 관찰한다. 만약 두 사람이 오른쪽 세 번째 줄에 앉고, 그 후 두 사람이 왼쪽 다섯째 줄에 앉고, 그리고 나서 한 사람이 통로 안쪽의 앞쪽에 앉고, 뒷줄에 몇 사람이 앉는 것을 내가 본다면, 나는 아마도 사람들이 누구는 서로가 잘 알지 못하는 사이이고, 누구는 서로를 편하게 느끼지 않는다는 것을 알고는, 그들을 그렇게 다룰 수 있다.

만약 사람들이 그룹으로 들어와서는, 한쪽 그룹은 왼편에 또 다른 그룹은 오른쪽 편에 앉는다면, 그것은 서로가 가지는 어떤 배타성을 보여 준다. 만약 사람들이 들어와서는 서로 조용하지만 공손하게 이야기한다면, 그들이 서로 잘 아는 사이가 아님을 나타내 준다. 만약 사람들이 떠들썩하게 들어와서는 서로 장난치고 있으면, 내가 가르치는 사람들이 서로를 잘 아는 사이임을 나타내 준다.

우리는 거의 다 가득 찬 후에야, 단지 그 수업 전체를 볼 뿐이다. 그럴 때에는 모든 의자에 사람들로 가득 차 있기 때문에 이미 공동 생활체로 보인다. 그러나 내가 그 의자들이 어떻게 채워져 가는지를 살펴볼 때에, 내가 가르치는 학생들에 대해서 많은 것을 알 수 있다.

3. 학습자들이 배우는 것을 계획을 세울 때에 그들을 포함시키라. 가장 효과적인 수업은 항상 이렇게 시작한다.

몇 년 전에, 나는 과도기에 있는 여성에 대한 강좌를 가르치기 위해 준비 중에 있었다. 비록 나는 이 주제를 가지고 아주 많이 가르쳤고, 나 스스로도 "전문가"라고 자처하지만, 계획을 세우는 데에 학습자들을 포함시키기로 결정했다. 나는 즐겨 그렇게 한다.

이 주제에 대한 어떤 멋진 생각을 얻기 위해서 여성 그룹을 모을 때에, 나는 그들에게 다음과 같이 질문한다. "여성들이 경험하는 변화에는 어떤 것이 있습니까? 변환기에 있는 여성들에게 있어서의 가장 어려운 문제에는 어떤 것이 있다고 생각하십니까?" 그들은 내가 전에 들었던 대답을 술술 자연스럽게 말하지만, 한 여성은 나를 놀라게 했다.

그녀는 말하기를, "만약 주일 밤에 수업을 한다면, 여기에 오는 데 남편의 동의가 필요합니다." 나는 이러한 여성들이 교회에서 활동적인 일에 참여하는 데 남편의 허락을 받아야 할 것이라고는 전혀 생각해 보지 못했다. 그래서 우리는 남편과 아내의 결정권에 대한 문제를 함께 연구하기 시작했다. 그리고는 그것을 둘러싸고 있는 주변의 많은 문제들을 다룰 수업을 계획했다.

원래 나는 그 수업을 20명 정도 계획했었다. 그런데 계획 세우는 것이 끝나고, 그 소문이 퍼졌을 때에는, 100명의 여성들이 등록을 해 버렸다. 사람들과 함께 계획을 세우는 것은, 그들의 관심을 촉발하도록 도움으로써, 배우는 과정에 그들이 머물러 있도록 한다.

4. 성인들이 배우기를 원하는 배움에는 책임을 지게 하라. 나는 성인들을 배우도록 이끄는 데 있어서 감언이설로 달래는 것을 피한다. 왜냐하면, 그렇게 하는 것은 성인들을 어린이와 같이 취급하는 것이기 때문이다. 그 대신에, 그들이 배우기를 원하는 배움에는 책임을 지

게 한다. 나는 그들로 하여금 계약이나 서약을 하도록 요구함으로써, 가끔씩 그렇게 한다.

예를 들면, 요한복음이나 수업을 시작하려고 할 때에는, 이렇게 말함으로써 시작한다. "당신이 이 수업을 듣는 데는 세 가지 수준이 있습니다. 첫째 단계 : 당신은 제공되는 것만 받고도 올 수 있습니다. 단지 토론에 참여하기를 원하는 마음만 있으면 됩니다. 두 번째 단계 : 이 수업을 받기 전에, 당신은 요한복음에 대한 월리암 바클레이(William Barclay)의 주석을 읽어봐야 합니다. 세 번째 단계 : 당신은 노트를 가지고 와서, 매일마다의 헌신된 생활을 체크하며, 요한복음에 대한 묵상을 하게 될 것입니다. 심지어 당신이 원한다면, 이 책에 대한 당신 가족의 헌신된 생활까지 다루어도 됩니다."

그리고 나서 간단한 질문을 나누어주고는 사람들로 하여금 스스로 결정하게 한다.

이런 식으로 그 학급에 대한 대체적인 윤곽을 잡을 수 있다. 때때로 나는 자리에 앉자마자, 깊이 몰두하는 사람들로 가득 차 있는 학급을 만나기도 한다. 그러면 나는 그들의 필요에 맞는 커리큘럼을 구체적으로 세운다. 또 어떤 때에는 주석을 가지고 함께 공부하기를 원하는 사람은 일곱 사람 정도, 매일의 신앙 생활을 다루는 수업을 원하는 사람은 네 사람 정도, 그리고 실제로 대학원 수준의 성과를 얻기를 원하는 사람은 한 사람 정도가 있을 때도 있다. 이것은 당신의 청중들을 이해하는 데 아주 큰 도움이 될 것이다.

한번은 "로얄 포크 클럽"(Royal Fork Club)이라는 이름이 붙여진,

가장 헌신된 수준의 그룹에서 수업 시간에 로마서를 가르쳤다. 그것은 로얄 포크라고 하는 값싼 뷔페 레스토랑의 이름을 본 따서 지은 것이었다. 나는 그 학급에서 말하기를, 매주마다 주어지는 모든 과제를 완벽하게 해낸 로얄 포크 클럽 회원들에게는 뷔페 값을 내가 내겠노라고 하였다. 나는 많아야 대여섯 명이 그 약속에 서명할 것이라고 짐작했다.

그런데 백 명이 넘는 사람들이 서명해 버렸다. 이 계획은 너무나 성공적이어서 나의 금전적인 안녕을 넘보고 있었기 때문에, 우리는 로얄 포크 클럽을 후원하는 기부자를 찾아야만 했다.

5. 성인들이 배움을 평생 추구해야 할 것으로 보도록 도우라. 내가 가지고 있는 목표 중의 한 가지는, 내가 가르치는 과목에 대해서 평생 동안 사랑과 매력을 느끼도록 격려하는 것이다. 학습자가 출애굽기에 대한 과목을 끝내면서, "자, 이제 이 주제는 제껴 놓아도 되겠구나"라고 말할 수 없도록 해야 한다. 그가 오히려 그 수업이 끝난 후에, 그 주제를 계속해서 연구하고 싶은 마음이 들도록 해야 한다. 만약 내가 출애굽기를 그런 식으로 가르쳐서, 사람들이 말하기를, "출애굽기는 다 끝냈어. 출애굽기를 다시 연구할 필요가 없어져서 정말 기뻐"라고 한다면, 나는 실패한 것이다. 내가 그 학습자의 호기심과 매력이라는 불꽃을 점화시키지 못했기 때문이다.

그 과목에 대한 계속적인 흥미를 유발하는 한 가지 길은, 그 과정을 마칠 때에 올바른 방법으로 끝을 내는 것이다. 수업을 급작스럽게 바로 마쳐서는 안 된다. 거기에 아직 더 이상 배워야 할 것이 있음을 연상시킬 수 있는, 감정적으로 충분한 납득이 가는 결론에 도달해야 한다.

가르치는 과정에 대해서 잘 생각해 보면, 수업을 그러한 식으로 끝맺을 수 있는 길이 있다. 나는 이렇게 질문한다. "이 과목을 통해서 당신이 배운 것 중에서 가장 중요한 것은 무엇입니까? 당신이 배운 것 중에서 매일의 생활 속에 실천하려고 하는 것이 있다면, 무엇입니까? 이 과목을 통해서, 당신이 아직 이해하지 못하고 있는 것이나, 아직 더 배우기를 원하는 것이나, 생활 속에 적용하기 위해서 아직 더 연구해야 할 것이 있다면 어떠한 논제가 있습니까? 소그룹에서라면 그들은 구두로 대답하거나, 종이에 그 답을 써서 낼 수가 있다.

이런 식으로, 나는 우리가 그 과목에 대해서 알아야 하는 모든 것을 배웠는지를 분명하게 의사 소통해 왔다. 그래서 그들로 하여금, 그들이 배운 것에 대해서, 그리고 그들이 배워야 할 것과 배운 것이 어떤 차이점이 있는지를 볼 수 있도록 도움을 주었다. 배움이라는 과정은 이 과목으로 끝나지 않는다. 단지 이제 착수한 것에 불과하다.

나는 전에 나에게서 배우던 학생으로부터 최근에 편지를 한 통 받았다. "저는 교수님께서 강의하신 로마서와 출애굽기 테이프를 반복해서 듣고 있습니다. 사실, 오년 동안 그것을 들어왔었는데, 이번이 네 번째입니다. 들을 때마다, 저는 이해의 수준에 있어서, 그리고 저의 삶 속에서 주님과 함께 동행하는 단계에 있어서 차이가 납니다. 매번마다 무엇인가 새로운 것을 배웁니다."

나에게 있어서는, 이것이 바로 성인 교육이다. 교사나 학습자 모두가 서로 간에 그리고 성경의 진리에 대하여, 의미 있고 계속 진행 중에 있는 관계를 가지는, 역동적이며 상호활동적인 과정이다. 우리는 함께 과정을 공유하고는, 단지 더 나은 정보가 아니라, 참으로 변화되어서 떠나는 것이다.

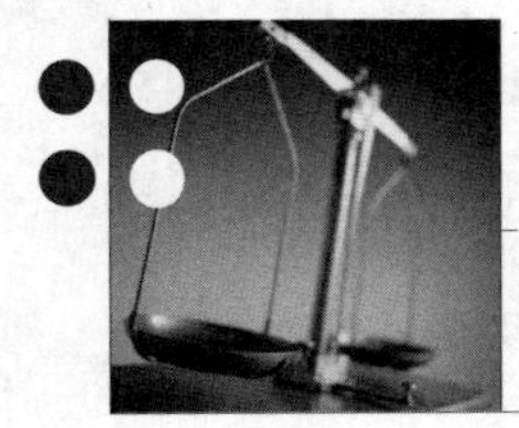

요점 정리와 더 생각해야 할 Point

1. 당신은 성인 교육의 중요성을 얼마나 인식하고 있는가?

* 성경 공부

2. 성인 학습자의 특성을 생각해 보자.

1) 스스로 통제

2) 경험자

3) 일, 역할, 정체성을 행해 정렬

4) 바로 사용할 수 있는 지식을 원함

3. 성인 학습자를 가르치는 데 우선 갖추어야 할 5가지 핵심적 사고
는 무엇인가?

1) 성인은 성인으로 대하라

2) 진단은 필요

3) 계획 세울 때에 학습자들을 포함시키라.

4) 배우기를 원하는 배움에는 책임을 지게 하라.

5) 배움을 평생 추구해야 할 것으로 느끼도록 격려하라.

제 8 장
설교를 통한 가르침

나는 회중들 앞에 설 때마다, 가르치려고 하는 자연스러운 본능을 억제시켜야만 한다. 우리 설교자들은 심지어 청취자들이 질문을 하기 전에도 대답을 하려고 하는 경향 — 어쩌면 타고난 본능인지도 모르지만 — 을 가지고 있다. 우리는 도와주기를 원하지만, 가끔씩 필요한 과정들을 잊어버린다.

설교에 좋지 않은 이름이 붙게 된 것은 이상한 일이 아니다. "설교 좀 하지 마세요!" 십대의 청소년들은 그들의 부모님들에게 소리를 지른다. "나는 당신의 설교는 필요 없어요!" 아내는 남편에게 말한다. 그리고 우리는 그것이 무엇을 의미하는지를 정확하게 안다. 사람들은 다른 사람들이 그들을 위하여 발견한 대답은 무시한다. 그러나 지금 내가 당신의 시선을 집중시키려는 설교는 회중의 눈이 반짝반짝 빛이 나게 할 것이다. 내가 집례할 때에, 그들은 단지 감상이나 하고 있을 수 없다.

제이 비 필립스(J.B. Phillips)는 신약 성경을 해석하면서, 신약의 진리가 생명과 능력으로 고동치는 것을 발견했다. 그는 마치 자신이, 전력이 아직 남아 있는 동안에는 전보를 칠 수 있는 전기 기술자와 같음을 느낀다고 말했다. 역동적이며 살아 있는 말씀을 붙들고 있는 것은 지루하게 판에 박힌 말이 아니다! 필립스는 하나님의 진리의 전하(電荷)에 대한 경외감 — 놀라움과 두려움을 모두 — 을 느꼈다.

몇 년에 걸쳐서 내가 깨닫게 된 것은, 만일 내가 하나님의 말씀 속에 있는 그 능력을 전하기를 원한다면, 그저 설교만 해서는 안 된다. 만약 내가 나의 청중들이 살아 있는 진리의 전기를 알게 되기를 원한다면, 어떻게 해서라도 복음을 통하여 높아진 그 전압에 사람들이 개인적으로 접하도록 해야만 한다. 그래서 나는 사람들에게 진리가 무엇인지를 말해 주는 것보다는 오히려 그들 스스로 진리를 발견하도록 함으로써, 항상 내가 설교하는 것이 정말 가르치는 것인지를 확인하려고 노력해 왔다.

가르침 : 위험을 담보한 발견

역사적으로 보면, 교회는 겉으로 보기에 교육에 있어 안전한 방법을 선택함으로써, 고도로 통제된 가르침을 선호해 왔다. 예를 들어서, 요리문답은 미리 결정되어져 있는 제한된 수의 질문들을 답하도록 되어 있다. 그러나 그것은 사람들로 하여금 대답을 하게 하는 자료를 그들 스스로 발견하도록 도울 수 없으므로 빈약한 교육 체계이다. 그 까닭에 그들은 요리문답 속에서 그리스도의 생명을 반드시 만날 수 있는 것은 아니다.

물론 나는 그런 방법들의 가치를 불신하는 것이 아니라, 그러한 것들이 성경에 있는 개인적인 발견의 길을 대체할 수는 없다는 말이다. 내가 요리문답이나 찬송가나 또는 어떤 사람의 증언을 사용할 때에는, 그것을 가르침이라 부르지 않고, 긍정(affirmation)이라 부른다. 긍정은 진리를 강화시키지만, 가르치지는 못한다. 그것들은 훌륭한 가르침의 정수인, 그들 스스로 진리를 발견하도록 돕지를 못한다.

사람들이 진리를 발견하도록 돕는 것은, 우리가 통제 수단을 잃어버리기 때문에, 모종의 위험이 따라온다. 우리는 진리를 다른 사람의 손에 놓아두고 가게 해야 한다. 우리는 그들이 스스로 진리와 관련된 것을 발견할 것이라고 믿어야만 한다. 그러나 그들이 영적인 난관에 처하게 되면 어떻게 할 것인가? 그들이 정통적인 해석에서 벗어나게 되면 어떻게 할 것인가?

하지만, 나는 그러한 위험들을 담보하고 본문에 대한 엄격한 통제를 포기해야 할 필요가 있음을 느꼈다. 잘못된 해석을 막기 위해서 너무 성급하게 나 자신이 뛰어드는 것보다는, 으히려 잘못된 해석에 대해 그 자체가 스스로 방어하고 있는 성경을 신뢰하는 법을 배우게 되었다.

씨 에스 루이스(C.S. Lewis)는 사람들에게 복음의 진리를 발견하게 하는 여지를 줌으로써, 그 진리가 그 자체의 방법으로 사람들의 생활을 엮어 나가도록 하는 데 있어서 능통했다. 「악마의 편지들」(*Screwtape Letters*)을 좋아했던 어떤 사람이 계속해서 「내가 믿는 기독교」(*Mere Christianity*)를 읽었다. 그리고는 격분하여서 루이스에게 통렬한 비판이 담긴 편지를 보냈다.

루이스는 답장을 썼다. "「악마의 편지들」에서 제게 동의했던 사람이, 종교에 대해서 제가 쓴 것에 동의하지 않으려고 한다 하더라도 저에게는 놀라운 일이 아닙니다. 우리가 전반적인 문제를 편지로만 토의할 수는 없지 않겠습니까? 저는 단지 추측할 뿐입니다. 만일 예수님께서 사람일 뿐만 아니라 하나님이셨다면, 그는 사람들을 위하여 모든 가치를 박탈 당하는 불공평한 이점(unfair advantage)을 가지셨습니다. 만약 그러한 사실에 대하여 당신이 하는 것처럼, 사람들이 거부를 한다면, 제가 보기에는 그것은 마치 물에 빠져서 발버둥치는 사람이, 다른 사람이 한 쪽 발을 제 방에 두고 그에게 로프를 던졌을 때 그것을 거절하면서, '오, 당신은 불공평하시군요' 라고 말하는 것과 같습니다. 바로 그 유리함 때문이 그는 도울 수가 있습니다. 하지만 모든 게 잘 되기를 바랍니다. 우리는 어쩌면 반드시 달라야 하는지도 모르겠습니다. 하지만 관용 안에서 나는 희망을 가집니다. 당신도 알다시피, 당신이 믿는 것 때문에 저에게 화를 내서는 안 됩니다. 저는 당신에게 화를 내고 있지 않습니다."

루이스는 그에게 오직 한 가지, 즉 생각하게 하는 것으로 회답한다. 그리고 나서 그는 한 발 뒤로 물러난다. 그는 마치 "당신이 원하는 대로"라고 말하는 것처럼, 문제를 그 사람의 손에 놓아둔다. 그는 그 사람이 지금이라도 발견의 행로를 계속하게 둔다.

특별히 당신이 직접 성경과 관계하고 있을 때에, 이것이 비록 위험해 보인다 하더라도, 나는 그 위험이 그렇게 크지 않음을 깨달았다. 우리 교회의 성경 공부 그룹은 특히 스탭의 감독 아래 있지 않다. 왜냐하면, 우리는 모든 그룹에서 무엇이 진행되고 있는지를 감시할 겨를이 없다. 그럼에도 불구하고, 성경 공부 그룹이 비성경적이거나, 사교종파로 떨어지는 것을 거의 본 적이 없다. 성경이 한 절 한 절 읽혀질 때에, 그것은 우리를 살아 있는 중심인, 예수 그리스도에게로 이끌기 때문에 나는 기꺼이 믿을 수 있다.

진리를 스푼으로 떠서 사람들에게 먹이는 대신에, 그들이 복음의 만족스러운 맛을 발견하도록 스푼을 그들에게 주는 모험을 하기를 원해야만 한다.

성경을 가장 중요한 것으로 두라

한번은 여행하는 동안, 나의 딸과 함께 라디오 설교를 들었다. 그 설교자는 본문을 장엄하게 읽었다. 그것은 로마서 8장이었고, 소망에 관한 것이었다. 그리고 나서 그 설교자는 소망에 대한 개인적이고 감동적인 일화를 시리즈로 말했다.

설교가 끝나고 나서, 나의 딸은 "설교가 어땠어요?" 하고 물었다.

"응, 감동적이었어. 사실, 그가 들었던 예화들 중의 하나가 나의 눈에서 눈물이 핑 돌게 했어." 나는 대답했다.

그러자 그녀는 내가 결코 잊을 수 없는 말을 했다. "하지만 아빠, 저는 그 설교가 좋지 않았어요. 그 설교자는 근본적으로 '내가 소망을 가지고 있기 때문에 당신들도 소망을 가져야 한다.' 라고 말했기 때문이예요. 그리고 그것은 복음이 아니예요."

나는 내 딸이 너무 자랑스러웠다. 그녀는 복음이란 것은 그 이상의 무엇인가가 있다고 보았다. 나는 이 목사가 소망을 가지고 있다는 것은 기쁘다. 그러나 그가 소망을 가지고 있든 가지고 있지 않든 간에, 소망에 대하여 로마서에 있는 그 본문이 나에게 심오한 원리를 어떻게 주고 있는지를 나는 보아야 할 필요가 있는 것이다! 어떤 의미에서는, 그 목사는 청중들을 기만했다. 우리는 본문을 보고, 우리 자신의 소망에 대한 기초를 본문으로부터 발견할 기회를 거절당했던 것이다.

물론, 사람들은 인간적인 공감 ― 사랑과 동정과 소망과 같은 ― 을 원한다. 그리고 그들은 일상 생활에서 복음이 활동하고 있음을 보여주는 개인적인 이야기들도 필요하다. 하지만 단지 문제는 개인적인 이야기들만으로는 소망에 대한 참된 출처에 나를 연결시키지 못한다는 것이다.

예화로 사용되는 개인적인 증언과 이야기들은 모두, 발견되기를 기다리고 있는 본문의 보물을 설명해주고, 사람들이 들여다 볼 수 있도록 돕는 창문들처럼 간주되어야 한다. 만약 내가 그러한 이야기들을 통하여 발견한다면, 나는 영적인 성장을, 이야기 해주는 사람, 주로 목사님들에게 의존하는 병약한 사람이 될지도 모른다. 그러나 만일 내가 로마서 8장에서 소망을 스스로 발견할 수 있다면, 나는 그 목사님과 나란히 발견한 것이다. 비록 더 많은 시간이 걸린다 할지라도, 이러한 발견은 더욱 능력 있고, 오래 지속될 것이다.

그렇다. 우리는 그들을 이해하고 그들에게 필요한 것을 전달하는 데 능통해야 한다. 그러나 먼저 우리는 본문에 능통해야 한다. 물론 이것은 그 본문을 알기 위해서 시간을 투자하고 열심히 연구해야만 함을 의미한다. 사실, 올바른 질문을 제기하기 위해서도 많이 알아야만 한다! 훌륭한 가르침은, 함의(含意)된 것을 찾기 전에, 내가 그 내용을 이해하고 그 본문을 깊게 알았을 때 가능하다. 그러면 사람들은 먼저 그리고 첫 번째로 본문에 연결될 수 있을 것이다.

절박함이 닥치게 하라

성경이 스스로 말하게 하라는 것은 내가 가르칠 때에 무감동하게 전하라는 의미는 아니다. 만약 학습자들이 스스로 그 본문을 발견하기를 내가 원한다면, 영적인 것들에 대한 그들의 욕구를 돋울 필요가 있다. 효과적으로 그것을 하기 위하여, 그 본문의 긴급성을 전할 필요가 있다.

가장 훌륭한 미적분학 선생은, 아이가 미적분을 알지 못하고서는 세상에서 결코 성공할 수 없을 것이라고 믿는다. 가장 훌륭한 학교 선생은 그들이 하고 있는 수업이 가장 중요하다고 확신한다. 그러한 선생들은 더 많이 요구하고 더 많이 도전한다. 그들은 또한 더 많이 가르친다.

나는 "이것은 단지 흥미로운 것을 선택할 수 있는 문제가 아니다. 당신이 알아야 할 필수적인 것이다"라고 말하며 절박감을 붙들기를 원한다. 학습자는 그러한 가르침에서 내용보다도 더 많은 것을 배운다. 그들은 진리에 대한 열정을 배운다. 자극을 받은 교사는 배움을 절박한 것으로 만든다. 싫증난 교사는 그것을 일거리로 만든다.

다른 것들보다도 이것은, 내가 내 영혼에 대하여 반드시 절박함을 느껴야 함을 의미한다. 나는 영적인 것들에 욕구를 가지고 자라가며 성숙해가는 그리스도인임에 틀림없다. 그래야만 마찬가지로 교인들이 자라가며 성숙해가는 것에 대한 필요를 절박함으로 전할 수 있다.

핵심에서 시작하지 말라

비록 내가 가르치는 것에 대해서 절박함을 느낀다 하더라도, 그 본문의 중심된 요점에 도달하는 데는 급박하게 해서는 안 된다. 나는 내가 알고 있는 것을 지나치게 빨리 드러내지 않도록 해야 함을 배웠다.

발견하는 것을 강요하지 않고, 본문의 자연스러운 경향이 스스로 나타나게 되도록 해야 함을 배웠다. 사람들에게 본문 안에서 의심할 수 있는 시간, 깊이 생각할 수 있는 시간, 질문이 생기게 하는 시간, 그리고 해답을 만드는 시간을 주어야 한다.

내가 자연스럽게 본문 그 자체로부터 생기는 질문을 제기함으로써 설교할 때에, 청중들이 그들 스스로 의미를 발견하도록 할 수 있다. 그것은 시간이 될 때까지, 미스테리에 대한 해결을 쥐고 있는 아가싸 크리스티(Agatha Christie)와 같아 보인다.

예를 들면, 누가복음 19:1~11의 삭개오에 대한 본문을 보자. 삭개오가 예수님을 그의 집으로 영접한 후에, 그 다음 절에서는 말하기를, "그들 모두는 수군대기를, '저가 죄인의 집에 유하러 들어갔도다' 하였다." 심지어 비록 내가 재빨리 이것을 상세하게 하는 데 초점을 맞추기를 원한다 할지라도, 왜 그 사람들이 수군대었는지를 곧 바로 회중들에게 말할 필요는 없다.

그래서 나는 먼저 그들에게 질문할 것이다. "왜 사람들은 수군대었을까? 왜 그들은 그렇게 당황해 했을까? 무엇 때문에 그들은 예수님께 그토록 화를 내었을까? 그리고 그들 모두가 수군대었다는 것에 주목하라 ― 그것은 제자들까지도 역시 포함됨을 의미한다. 왜 제자들은 동요를 일으켰을까?

나는 여리고에 그 당시에 있었던 다양한 종류의 사람들을 통하여 회중들과 함께 여행을 할지도 모른다 : 왜 바리새인들은 수군대었을까? 왜 제자들은? 왜 군중들은? 무엇이 그들을 그토록 격동시켰을까?

그들은 예수께서 그들을 당황하게 했을 때, 어떠한 예상을 했을까?

그러한 접근은 그 본문의 자연적인 드라마를 계속 사용하고 있다.

이런 특정한 이야기들로, 메시야에 대한 구약의 어떤 기대들을 통하여 나는 회중들에게 과정을 가지게 할 수 있다. 메시야가 삭개오와 같이 사취(詐取)하는 도둑놈같은 사람을 원할지 원하지 않을지에 대한 다양한 개념들을 연구할 수도 있다. 왜 백성들은 메시야가 잃어버린 자를 찾아 구원하기 위하여 오실 것임을 준비하지 못했을까를 나는 생각할 수 있다. 왜 그들이 예수님 때문에 그토록 놀라게 되었는지를 보여줄 수 있다.

이러한 엄청난 요소가, 놀랄 만한 복된 소식인 본문 속에 있다는 것이다. 내가 본격적으로 회중들에게 가르치기 전에, 먼저 그들이 순식간에 그러한 발견을 할 수 있도록 내가 도울 수 있다면, 그들은 성경에 대하여 그리고 그들의 생활과 성경과의 관련성에 대하여 흥미를 느끼게 된다.

진리가 스스로 납득시키게 하라

우리 가르치는 자들은 한번에 모든 것을 너무 많이 말하려는 유혹을, 특별히 마칠 때 즈음에 종종 받는다. 생각나는 대로 모든 것을 던짐으로써, 우리는 어떤 사람을, 신앙의 가장 값진 사실들 ─ 그리스도의 피, 십자가, 하나님의 사랑 ─ 을 황급히 끝마쳐 버린 그리스도인으로 만들어 버린다. 그리고 그 구절들은 성급하게 제대로 설명도 안

된 채 지나가 버린다.

그 대신에, 나는 성경 본문이 그 자체의 핵심을 만들게 하고, 스스로 납득시키게 하는 것이 훨씬 좋다는 것을 깨닫게 되었다. 그리고 심지어 사람들이 본문을 접하기도 전에, 성령께서 그들 속에서 이미 활동하고 계시기 때문에, 그 자체가 스스로 요점을 만들어 나가는 성경을 신뢰할 수 있다.

문화 속에서 이것을 한번 보자. 다른 예들 중에서, 우디 앨런의 영화는 기독교적인 것이 아닐지도 모른다. 하지만 그 영화들은 사람들이 궁극적인 이슈들 — 하나님이 가장 빈번하게 발견되어지는 곳을 파악할 수 있도록 한다. 나는 또한 성령께서 사람들의 생활 속에서 역사하고 계심을 본다. 사람들은 생활의 슬픔과 걱정과 목적에 대해 크게 고심하고 있다.

사람들은 백지 상태에서가 아니라, 성령께서 이미 역사하고 계시는 개인으로서, 본문을 접하게 된다. 성경은 사람들의 가장 깊은 필요에 대해서 말하고 있기 때문에, 우리는 사람들에게 말하고 있는 성경을 신뢰할 수 있다. 사람들이 또한 일단 한번 성경에 기회를 주는 것이 얼마나 좋은 지를 깨닫게 될 것임을 확신한다.

그것은 친구를 후드(Hood)산으로 데리고 가는 것과 같다. 나는 팀버라인(Timberline) 산장에 가 본 적이 있고, 그곳이 얼마나 아름다운지를 안다. 그러나 내 친구가 그곳의 장엄함을 확신하기 전에는, 자랑하지 않아야 한다. 내가 해야 하는 것은, 단지 그를 그 곳으로 데리고 가는 것이 전부이다. 그러면 그가 스스로 그 곳의 아름다움을 감명 깊게 보게 될 것이다.

그와 같이 내가 해야 하는 것은, 사람들을 성경이라는 문으로 데리고 가는 것이 전부이다. 일단 그들이 스스로 되풀이해서 생각하고 보기만 하면, 예수 그리스도가 그들의 삶에 얼마나 관련되어 있는지를 생각하게 될 것이다.

예를 들면, 우리 교회 소그룹 성경 공부에서, 우리는 복음주의적으로 하려고 그렇게 노력하지는 않는다. 우리의 목표는, 본문 그 자체가 핵심을 세우게 하고, 읽고 있는 것에 더해서 그 그룹의 구성원들이 함께 이야기 할 수 있게 하는 것이다. 우리는 첫째 주에 모든 것을 다 다루지 않으려고 의식적으로 노력한다. 하지만 첫째 주에 해당하는 본문이 무엇을 말하고 있는지에 대해서는 분명히 말한다.

우리가 접근하는 방식은 이렇다 : "당신은 이 책을 그 밖의 다른 책을 읽는 것처럼 읽으십시오. 당신이 마가복음에서 시작한다면, 마가에게 한 치도 양보하지 마십시오. 모든 점에서 그를 이기십시오. 이것이 거룩한 하나님의 말씀으로 되어 있든 않든 간에, 염려하지 마십시오. 단지 당신은 자신의 생각에 맡기고 동일한 진지함으로 읽기만 하십시오."

놀라운 것은 그 본문이 살아 있는 중심인 예수 그리스도를 피할 수 없이 드러내 준다는 것이다. 몇 주간은 마가(또는 바울이나 요한)가 사람들에게 어떤 진리를 확신시킴으로써 이길 것이다. 솔직히 말해서, 몇 주간은 또 그가 질 것이다. 사람들은 그들이 마가보다도 더 잘 알고 있다는 생각에 사로잡혀 있다. 하지만 시간이 지날수록, 그 본문은 앞에 드러나고, 그 본문의 그리스도에게 경의를 표하게 될 것이며, 그리스도는 그 새 신자의 마음에 임하게 될 것이다.

우리 도시에 살던 어느 고집스런 공학교수는 그가 퇴직하기 바로 직전에, 아내가 갑작스런 심장마비로 죽었을 때, 자신의 모든 것은 깨어져 버렸다. 그의 아내는 그리스도인이었는데, 장례식 후에 그는 나를 보러 왔다. 나는 그에게 마가복음과 약간의 읽을거리를 더해서 주었다.

몇 주가 지난 후에, 나는 그가 점차적으로 신약성경을 이해해가고 있음을 볼 수 있었다. 우리가 함께 모이는 시간에 내가 마지막으로 항상 덧붙이는 말은, "당신이 그리스도인이 될 준비가 되었을 때, 저에게 말씀하십시오."라는 것이었다.

어느 주일 예배 후에, 많은 사람들이 오가고 있을 때에, 그 공학자는 나를 기다리며 뒤에 서 있었다. 그는 뒤에 서서 어슬렁거리며 기다리는 것을 좋아하는 사람이 아니었다. 결국 그는 나의 주의를 끌었고, 소리내어 불렀다. "이봐요, 얼(Earl), 나는 지금 당신에게 나를 알게 하려고 하고 있소."

그것은 바로 이랬다. 그는 그리스도와 성경의 신실함에 의해서 확신하게 되어, 65세에 그리스도인이 되었다.

사람들이 그들 스스로 적용점을 듣게 하는 것

개인이 발견할 수 있도록 기회를 만들어 주는 것은 가끔씩 결과들이 나오는 도중에 우리를 놀라게 한다. 어느 목사님이 그의 보수적인 교육이 사람들에게 인위적인 영성을 강요하게 될 것 같아서 그 문제로 고심했다. 그는 전통적으로 "죄"라고 부르는 것들 ― 영화보는 것, 끽연, 음주 등과 같은 ― 에 대하여 설교하는 것을 거부했다.

어느 주일, 그가 선택한 본문이 그러한 것들에 대해서 말할 수 있는 적당한 기회를 그에게 제공했다 : "모든 것이 내게 가하나 내가 아무에게든지 제재를 받지 아니하리라." 하지만 그 목사는 그가 가진 전통에 의해 명령하는, 그런 죄들에 대해서는 여전히 언급하지 않았다. 그 대신에, 그는 교회에서 묵인하는 과식이나, 텔레비전을 너무 많이 보는 것과 같은 탐닉할 만한 다른 것들에 대해서 의도적으로 말했다.

예배가 끝난 후에, 한 여자가 그 목사를 구석으로 데리고 가서는 담배 꾸러미를 그에게 주었다. 그리고는 이렇게 말했다. "그것이 저에게 가한 지는 모르겠지만, 이 담배들로 인해서 제재를 받아왔습니다. 저는 전에는 그 구절에서 그런 식의 말씀을 결코 알아차리지 못했습니다. 그래서 이제 당신에게 이것을 드립니다. 하나님의 도우심으로 저는 이제 그것들을 다스리고자 합니다." 담배나 니코친에 대한 말 한 마디 없이, 본문 그 자체가 이 젊은 여성에게 말했던 것이다.

그 목사님은 그녀가 담배 피우는 것에 대하여 설교할 수도 있었을 것이다. 그리고 아마도 그녀가 담배를 끊어야겠다고 확신하도록 만드는 것까지도 가능했을 것이다. 하지만 그 목사님이 그 본문을 가지고 생활에 특별히 한정하여 연관을 지어서 설교를 했더라면, 그러한 결정은 좋은 결과를 내지 못했을지도 모른다.

그 대신에, 그녀 스스로가 본문과 그녀가 담배를 피우는 것과 연관을 지었다. 그래서 내가 깨닫게 된 것은, **우리가** 연관을 지을 때, **우리가** 하나님의 말씀이 우리를 발견하게 할 때, 변화는 더 깊게 일어난다는 것이다.

나는 사람들이 그것을 발견하도록 도울 수 있을 때, 내가 바람직하게 설교하고 있으며, 아주 잘 "가르치고" 있는 것이다.

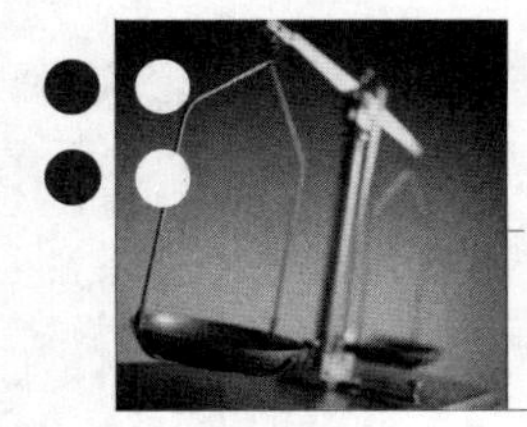

요점 정리와 더 생각해야 할 Point

* 설교할 때에 항상 고려해야 할 점 몇 가지

1. 성경을 가장 중요한 것으로 두라.

2. 절박함을 느끼게 하라.

3. 핵심에서 시작하지 말라.

4. 진리를 스스로 납득하게 하라.

5. 스스로 상황에 적용하게 하라.

3부

보다 장기적인 계획

제 9 장
효과적인 평가

대부분의 사람들은, 경험은 여느 게임과 같이, 오래 가르치면 오래 가르칠수록 그/그녀는 더 풍부한 것들을 얻게 될 것이라고 생각한다. 하지만 절대로 그렇지 않다. 거칠게 나무를 톱질하는 것은 목수의 톱니를 무디게 할 뿐인 것과 마찬가지로, 경험은 나의 강점들을 낡아빠지게 하는 경향이 있다. 그래서 나는 평가되어진 경험만이 나의 기술을 강화시킬 수 있음을 깨닫게 되었다. 평가는 그 무디어진 부분들을 숫돌로 갈아 주는 역할을 한다.

평가 없는 가르침은 여러 가지 면에서 나의 효과를 마모시킬 수 있다. 서투른 방법들은 깊이 뿌리박힌 습성이 된다. 그래서 나의 참된 모습보다도 더 잘 하고 있는 줄로 알고 스스로 만족하게 될 수도 있다. 실제로는 잘 되어가고 있지 않는 데도 불구하고, 무언가 잘 되어가고 있다고 결론지어 버릴 수 있다. 청중들과의 관계를 단절하고 허공을 향해 가르칠 수도 있다. 또한, 시간이 가는 동안, 나의 개인적인 버릇들은 누그러지기보다는 확대될 수 있다. 그리고는 빈틈없이 나를 유지해 나가려는 어떤 노력도 없이, 조잡하게 가르칠 수도 있다.

목수가 동가리 톱의 톱니를 힘을 들여 줄질하는 것과 같이, 그것이 바로 내가 가르치는 각각의 학과목들을 평가하는 이유이다. 그리고 나는 다른 사람들이 나에 대해서 여러 가지 다양한 방법으로 비평하도록 허용한다. 나는 시간이 지나면 지날수록 그러한 필요를 더 많이 느낀다. 하지만 많은 목회자들과 교사들은 평가하는 것에 대해서 위험스러울 정도로 보류해 두고 있음을 안다.

머뭇거림에 대한 극복

첫 번째로, 어떤 사람들은 평가가 자기 권위를 해치는 것으로 생각하여 꺼리는지도 모르겠다.

"만약 내가 사람들로 하여금 비평적인 안목을 취하도록 분위기를 만들어 나간다면, 그들은 한 평생 그것을 자신의 역할로 여길 것이다. 나는 지금 판도라의 상자(Pandora's box)를 열고 있다. 그들은 내가 하나님의 판단과 선호도보다 그들의 판단과 선호도에 더 관심이 많다고 가정할 것이다. 내가 단지 연기를 하고 있는 것으로 비추어질 것이다. 예레미야가 언제 자신의 예언을 평가해 보라고 유대인들에게 요청했던가?"

하지만, 평가의 장(場)을 여는 것은 정확하게 정반대의 결과를 가져온다는 것을 알게 되었다. 공격받기 쉬우며, 현실적이며, 장점을 잘 수용하는 교사는 다른 사람들로부터 존경을 받는다. 특별히 우리 사회에서, 다른 사람들에게 개방적인 지도자는 존경을 받는 반면에, 개인적으로 방어물을 쌓고 저항하는 사람은 신뢰도에 대한 기초가 흔들리고 있다.

평가를 받는다는 것은 또한 사람들로 하여금 나와 동일시하도록 도움으로써, 나의 목회 사역을 더욱 지지하게 만들어 준다. 어떤 의미에서는, 나는 그들을 우리 팀에 합류시키고 있는 것이다. 메시지를 그들에게 전하기 전에, 또 전한 후에, 평가해보기 위해서 내가 말하고 있는 것에 대해서 그 모임의 회장에게 가끔씩 물어본다. 그렇게 하는 것은 내가 가지고 있는 기술을 잘 손질하도록 도와 줄 수 있을 뿐만 아니라, 모임이 효과적으로 진행될 수 있도록 우리가 함께 노력하고 있다는 생각을 강화시켜 준다.

두 번째로, 어떤 사람들은, 다른 사람들의 경향 때문에 평가에 응하는 것을 머뭇거리는지도 모르겠다.

어떤 사람은 우리가 성경을 한 절 한 절 주해해 주기를 원한다. 다른 사람은 성경을 일련의 이야기식으로 해 주기를 원한다. 어떤 사람은 우리가 큰 소리로 말해주기를 원한다. 반면에 어떤 이는 조용하게 진행해 나가기를 원한다. 어떤 사람은 말하기를, 우리가 너무 감정적이라고 말하는 반면에, 또 어떤 사람은 우리가 더욱 긴박하게 진행할 필요가 있다고 말한다. 어떤 사람은 우리가 더욱 인간적인 필요에 부응할 필요가 있다고 말하고, 다른 사람은 우리가 교리적 내용이 빈약하다고 비난한다.

모든 사람은 각각 자기 자신이 좋아하는 설교자를 우리가 본받아 주기를 원한다. 비록 사람들은 그것을 정오(正誤)의 문제로 생각하고 있다 할지라도, 우리는 그것이 선호도나 스타일이나 은사의 문제라는 것을 알고 있고, 그래서 그들이 의견을 말할 자격이 없다고 생각한다.

실제로, 사람들은 그들 고유의 경향을 가지고 있는지도 모르겠다. 하지만 나는 그만한 일로 평가하는 것을 포기해 버리기를 원치 않는다. 내가 깨닫게 된 것은, 사람들이 하는 그 평가들을 평가해야 한다는 것이다. 사람들이 그러한 관점으로 논평하는 것을 어디에서 가져왔는지, 그리고 어디에서 읽었는지를 알아야만 한다.

한번은, 나의 유머감각이 영적이지 못하다고 생각하는 한 여성으로부터 간결한 메모를 받았다. 만약 내가 계속해서 "가벼운 언행에 탐닉한다"면, 그녀는 남편과 함께 일어나서 나가 버리겠다고 엄포를 놓았다. 나는 내가 말하고 있었던 것에 대하여, 조정해주는 사람과 함께 재검토하고, 그의 충분한 지지를 받은 후에, 여느 때처럼 올라갔다. 아무도 일어나서 나가지 않았다. 그러나 나는 청중들에 대해서 더 잘 알 수 있었다.

평가하는 사람의 숫자가 많아지면 많아질수록, 나는 내 목회 사역에 대한 균형 잡힌 상을 더욱 잘 얻어낼 수 있을 것이다. 나는 두 가지 결과에 대한 양 극단을 알게 될 것이다. 심지어 양 극단에 서 있는 사람들은 나에게 그러한 것들을 볼 수 있게 함으로써, 내가 유머를 조금 덜 사용하고, 더 많은 이야기들을 하도록 할 수 있다. 심지어 극심한 비평가들이 나의 절친한 친구일 수도 있다.

어찌되었든지 간에, 나는 허공 상태에서 가르치지는 않는다. 나는 사람들이 나를 어떻게 인식하는지를 무시할 수 없다. 왜냐하면, 그들은 내가 "상대하지 않을 수 없는 사람들"이기 때문이다. 심지어 수사학이나 설교학을 전공한 사람들이 나의 모든 메시지를 만족스럽게 평론했다 하더라도, 결국에는 나의 가장 중요한 평가자들은 여전히 내가 목회를 하고 있는 사람들이다. 만약 그들에게 유익을 끼치지 못한다면, 무엇인가 바뀌어야만 한다.

세 번째로, 우리들 중의 어떤 사람은 진실을 두려워할 수도 있다.

우리가 가르치면서 많은 실수를 하고 있다는 사실 때문에, 그것에 직면할 준비가 되어 있지 않을지도 모른다. 우리는 어떤 불행한 소식을 접하기라도 하는 듯이, 평가를 피한다. 하지만 내가 그것에 대해 무엇인가를 대처할 수 있을 동안에, 그 소식을 접하지 않으면, 결국에는 그 나쁜 소식은 곧 나를 따라잡고는 더욱 더 고통스럽게 만들어 버린다는 것을 깨닫게 되었다.

예를 들자면, 과거에 나는 그들이 잘 알 수 없었던 나의 가족에 대한 예화를 사용했었다. 또한 목회 초창기에는 가끔씩 가르치면서 호언장담하곤 했다. 오래 전에, 정직하고 충분히 믿을 수 있는 몇몇 친구들이 나의 판단력이 부족했음을 정면에 대 놓고 말했다. 그래서 나는 고쳤고, 지금도 그것에 대해 그들에게 감사한다.

네 번째로, 우리는 그 문제를 과도하게 영적으로 해석할 수 있다.

"목회 사역에 등급을 매긴다는 것은 내가 할 수 있는 것도, 다른 어떤 사람이 할 수 있는 것도 아니야. 오직 하나님만이 판단하실 수 있어. 교육하는 데 있어서, 눈에 보이지 아니하는 것들은 심판날이 되어서야 비로소 밝혀질 거야. "

물론 옳은 말이다. 하지만 그것과 마찬가지로 내가 깨닫게 된 것은, 성경을 이해할 수 있도록, 그리고 메시지를 준비할 수 있도록 나를 도우시는 성령님께서는, 또한 어떻게 하면 그것을 더욱 효과적으로 할 수 있는 지를 다른 사람들을 통하여 나에게 가르치고 계신다는 것이다. 그는 지혜의 원천이시다. 그러나 그는 다른 사람들을 통하여 그 지혜를 전달함으로써 우리를 도우신다. 예민하게 감지하여 질문을 던지는 청취자는, 아마도 나의 향상을 위한 최고의 원천일 것이다. 나는 그들을 통하여 빠뜨린 것이 무엇인지, 너무 빨리 지나가서 대충 넘어간 것이 무엇인지, 심지어 충분히 생각하지 못했던 것이 무엇인지를 그들을 통해서 알 수 있다.

마지막으로, 우리는 목회의 무형성 때문에, 그것을 평가한다는 것이 얼마나 힘든 것인지를 안다.

다른 직업의 경우는 어느 사람이 그 일을 잘 해내고 있는지를 측정하는 데 객관적인 방법을 가지고 있다. 만약 어느 외과 의사의 환자 중 60%가 죽어 나간다면, 그는 분명히 문제가 있다. 변호사는 소송에서 이기기도 하고 지기도 한다. 우리는 목수가 짓는 건물을 정방형으로 만들었는지를 살펴 볼 수 있다.

하지만 영성은 어떻게 측량할 수 있을까? 사람들이 죄에 빠지거나 실패한다면, 우리는 타락한 문화에만 그 책임을 돌릴 수 있겠는가? 운이 좋은 노동자는 덧붙은 것을 거두는 데 반하여, 우리는 씨를 뿌리는 힘든 작업을 하고 있다면 어떻게 하겠는가? 객관적으로 측정할 수 있는 도구도 없이, 사람들은 건물, 재정, 세례교인, 프로그램과 같은 외부적인 것들을 바라보는 데 그친다. 그러한 피상적인 것들에 직면할 때, 우리는 그들이 우리를 평가하는 것에 대하여 "아뇨, 괜찮습니다." 하고 말할지도 모르겠다.

하지만 이것은 거짓된 진퇴양난의 상황일 뿐이다. 나는 내가 가르치는 것이 의사소통이 잘되고 있는지, 잘 전달되는지, 그리고 사람들이 그들 자신의 삶에 유용한 진리를 찾고 있는지를 결정할 수 있는 근거가 확실한 기준을 알게 되었다.

무엇을 평가할 것인가?

비록 우리가 과학자들만큼 엄밀하게 할 수는 없다 할지라도, 두 가지의 광범위한 질문을 함으로써, 가르침의 효율성을 실제적으로 평가할 수 있다.

• **나는 궁극적인 목표에 도달하고 있는가?** 나는 이중의 목표를 세웠다. (1) 바울이 골로새서 1:28~29에서 말한 것처럼 신자를 그리스도 안에서 완전한 자로 세우는 것과, 그리고 (2) 에베소서 4:15~16에 따라, 봉사하며 섬기도록 갖추어 주는 것이다. 그러므로 나의 목표는 교사처럼 단지 정보만 차례대로 넘겨주는 것은 분명코 아니다. 나의 목표는 바로 변화시키는 것과 성숙시키는 것이다.

나는 내가 가르치는 사람들의 생활을 봄으로써, 그것에 접근할 수 있다. 그러나 내가 그들에게 하는 한 가지 질문은 "그들이 어디에 살고 있는가?" 하는 것이 아니라, "그들은 어떠한 명령에 따라 움직이고 있는가?" 하는 것이다. 나는 사람들과 함께 지냄으로써, 그들과 이야기 함으로써, 내가 나누어주고 있는 덩어리들을 그들이 어떻게 수행하고 있는지를 발견해 나감으로써 그것을 알 수 있다.

어느 약조제사와 그의 아내는 그리스도를 믿으며 , 내가 개설한 '그리스도인의 가정' 이라는 과정에 등록했다. 수업을 시작한 지 단지 몇 시간이 지나지 않아서, 그들은 나에게 와서 말하기를, "우리는 성경공부를 시작하고 나서야 비로소 우리가 문제가 있음을 알게 되었습니다. 우리는 모든 결혼 생활이 우리처럼 당연히 걱정이 있는 것으로 생각했습니다." 하고 말하였다. 나의 아내와 나는 이 커플이 새로운 통찰력을 다루기 시작했을 때, 그들과 함께 접촉을 유지하고 있었다. 그들의 결혼 생활은 향상되었을 뿐만 아니라, 그들은 그들의 자녀들에게서도 급진적인 변화를 보게 되었다. 그러는 동안, 나는 내가 가르쳤던 복음이 분명히 삶을 변화시키고 있음을 목격했다.

그럼에도 불구하고, 종종 우리의 가르침의 결과는 위기가 닥쳐오기 전까지는 충분하게 보이지는 않을 것이다. 예를 들면, 내가 가르치는 학생 중 한 명이 그녀의 행실에 있어서는 외부적인 변화가 그렇게 많이 나타나지는 않았다. 하지만 그녀의 아버지나 어머니가 갑자기 돌아가셨을 때, 주님을 더 깊이 섬기는 데에 헌신함으로써, 하나님에 대한 강한 신뢰감으로 슬픔을 극복한다면, 내가 뿌려 놓은 씨가 뿌리를 내렸음을 알 수 있다. 영적인 테스트와 마찬가지로, 토양 속에서 자라고 있는 것은 드러나지 않는다. 그래서 그런 경우에는, 내가 효과적으로 가르쳤는지를 평가할 수 있는 것은 또 다른 시간이 되어서야 가능하다.

나는 또한 내가 가르친 것에 대해서 학생들의 직접적인 반응을 알아내려고 애쓴다. 만약 수업을 마칠 때에, 학생들이 그들의 소지품을 바로 싸서, 교실 밖으로 나가면, 나는 내가 가르친 것에 대해 한번 의심해 본다. 그리고 학생들이 "획 소리를 내며" 앞으로 나와서 질문을 가지고 나를 둘러쌀 때에는, 내가 뭔가 잘 했음을 알 수 있다.

효과적인 가르침이란, 마음속에 품고 있는 어떤 생각들을 뒤흔들고, 사람들의 눈을 그들이 결코 깨닫지 못한 것을 향해 열어 주어야 한다. 효과적인 진리는 영적인 반응을 불러 일으켜서, 마음과 감정에 좋은 감화를 주는 촉매 역할을 해야 한다. 만약 내가 해야 할 일 ― 사람들이 결코 가져 보지 못했던 방법으로 어떤 일들에 대해서 생각하도록 자극하는 것 ― 을 제대로 하고 있다면, 나는 그것에 대해서 들을 수 있을 것이다.

나는 또한 가치관에 있어서의 변화를 예민하게 지켜본다. 결국에는, 그것이 바로 모든 변화가 시작하는 곳이기 때문이다.

최근에 시리즈로 가르침에 대해서 배운 후에, 우리 교회에 다니는 한 사람이 나에게 말하기를, "저는 저의 모든 일생이 어디에 위치해 있었는지 모르겠어요. 제가 참된 목표에서 그토록 벗어날 수 있었는지 정말 믿을 수가 없어요."라고 하였다.

그래서 나는 그에게, "참된 목표가 무엇이라고 생각합니까?" 하고 질문했다.

"저의 가정이 가장 큰 자산임을 갑자기 깨닫게 되었지 뭐예요, 글쎄. 저는 이때까지 한 그릇의 밥을 얻기 위해서 제 영혼까지 팔고 있었어요."

심지어 내가 그 사람에 대해서 잘 알지 못하고, 그가 그의 가족과 더 많은 시간을 정말 보내고 있는지를 볼 수는 없다 하더라도, 그의 가치관이 변화했음을 알 수 있다.

나는 또한 다른 중요한 태도들, 즉 하나님에 대한 갈급함과 자신이 의롭게 살려고 하는 갈급함이 증가하고 있는지를 찾는다. 사람들이 하나님과의 사랑에 빠지기 시작하는가? 그들의 삶 속에 초자연적인 어떤 증거가 있는가? 사람들이 자기 자신으로부터 해방되고 있는가? 그들이 다른 사람들에 대해 관심을 가지고 돌보기 시작하는가?

• **나의 가르침은 전달되고 있는가?** 이것도 평가하기가 어렵지 않다. 우선 첫째로, 만약 나의 자료들을 이해시키는 데 도움이 되는 충분한 예화들을 가지고 있지 못하다면, 그것은 곧 바닥이 나게 될 것이다. 그러므로 나는 내 노트를 보고 충분한 예화가 있는지를 세어 볼 수 있다.

또한 내가 말하고자 하는 이야기의 숫자를 세어 볼 수 있다. 설화체는 전달을 향상시킨다. 그러한 이야기가 성경에서 나오든, 나의 개인적인 체험에서 나오든, 신문에서 나오든, 또는 다른 사람들에게서 나오든 간에, 그러한 것들이 없으면, 성도들은 내가 전하는 메시지를 자신의 것으로 받아들이려고 하지 않는다는 사실을 나는 알고 있다.

데일 카네기(Dale Carnegie)는 이렇게 하는 것이 옳음을 처음부터 알게 되었다. 그가 뉴욕에서 시작했을 때, 그의 첫 번째 학급에는 스물 일곱 명 정도가 있었다. 그 학생들은 일 주일에 한 번만 그에게 참석하면 되었다. 만약 그들이 생각하기에, 참석하는 것이 즐겁지 못하다고 여긴다면, 그들은 돌아와 버릴 참이었다. 그래서 카네기는 만약 그들이 생각하는 것과 연관성이 없다면, 그는 끝장 날 것임을 알았다.

첫 번째 수업 시간에, 그는 수업 시간이 다 끝나기도 전에, 이미 자료가 바닥나 버렸다. 아주 당황한 그는 그 학급의 정면, 첫 번째 줄에 앉아 있는 사람을 불러, 그의 인생에 관한 몇 가지 질문을 하기 시작했다. 그 학생은 이야기했으며, 그 학급 전체는 흥미를 가지고 들었다. 그래서 그는 사람들은 사람들에 대해서, 그리고 사람들에 대한 이 야기에 대해서 흥미를 가진다는 것을 알게 되었다.

나는 또한 내가 다루고 있는 자료의 양을 평가해 볼 수 있다. 휘튼 대학(Wheaten College)에서 나의 인류학 교수는 내가 만났던 아주 훌 륭한 교수님들 중의 한 분이었다. 한번은 그에게 이렇게 물었다. "박 사님, 박사님께서는 그것을 어떻게 하십니까?"

그는 대답하기를, "나는 그 자료를 취해서, 더 줄어들 수 없을 정도 가 되기까지 삶아서, 한 학기 동안 그것을 쭉 펴서 늘인다네."

내가 메시지를 들을 때에 생각한 것은, 청중들이 너무 많은 내용을 담고 있는 메시지의 경우에는 그 전체를 다 소화해 낼 수 없음을 깨닫 게 되었다. 그것은 바로 어떤 사람에게 화재용 소화전(消火栓) 호스를 주고는 마시게 하려고 애쓰는 것과 같다. 나는 그렇게 하면서, 자료를 나누어주고 있다고 생각할지도 모르지만, 그것은 효과적이지 못하다.

나는 또한 전환시키는 것에 대해서도 평가해야 한다. 나는 가르치 는 목적에 관한 것이 아니라 방법에 관한 것일 경우에는, 계획이라는 덫에 매여 있는 것을 원하지 않는다. "자, 이것은 매우 중요하기 때문 에, 나는 이 점에 대해서 예화를 들겠습니다. 그리고는 나는 성경의 다른 부분을 읽고 있다가, 우연히 엘리야의 생애 중에서 예화를 취하 게 되었습니다. 그것은 정말 욕심쟁이의 짓이었습니다. 그래서 나는 여러분들이 그것을 보기를 원합니다. 왜냐하면 그것은 요점을 철저 히 인식시켜 줄 것이기 때문입니다."

그 모든 쓸데없는 말들을 통해서, 나는 그 어떠한 것도 말하지 못했으며, 단지 시간만 소비했을 뿐이었다. 그래서 내가 전환시키는 곳을 정확하게 판단했는지를 객관적으로 평가해야 한다 : "어느 날 아침, 엘리야의 종은 그를 일찍 깨워서 ……."

어떻게 평가할 것인가?

요리의 완벽함을 추구하는 주방장은 한 사람의 미식가나 한 사람의 고객으로부터의 반응을 얻어내는 데서 그치지 않는다. 그와 마찬가지로, 내가 가르치는 것에 대해서 비평하는 사람이 많으면 많을수록, 평가하는 데 사용되는 방법이 많으면 많을수록, 내가 가르친 효과에 대해서 정확하고 철저하게 전체적인 상황을 알 수 있을 것 같다.

그러면 먼저, 나는 매 번 가르칠 기회가 있었을 때마다, 세 가지 질문을 함으로써 간단히 나 자신을 평가한다.

1. **내가 잘한 것은 무엇인가?** 만일 내가 잘못한 것에만 초점을 맞춘다면, 나의 자신감은 고통스러울 것이다. 나는 긍정적인 것들로 나 자신을 격려할 필요가 있다. 왜냐하면, 잘 된 것을 확인함으로써 그것을 강화시킬 수 있기 때문이다.

2. **나에게 빈약한 부분은 무엇인가?** 가르치는 동안, 내가 명료하게 연결시키거나, 분명하게 전달하지 못한 때를 감지할 수 있다. 그 원인을 정확하게 집어낼 수 있는 가장 좋은 때는 바로 가르친 직후이다.

3. **내가 바꾸어야 하는 것은 무엇인가?** 예를 들면, 가끔씩 나는 내가 가르쳤던 것을 그 직후에 다른 것으로 바꾸려고 결정할 것이다. 또

는 공감을 일으키는 유형의 예화와 이야기들을 발견하고는, 앞으로 같은 것을 더 많이 해야겠다고 계획을 세운다. 또한 조금도 빈틈이 없도록, 분명하고 착실한 계획을 세운다.

이러한 것들은 내가 하는 자기 평가의 표면만 다루었을 뿐이다. 내 아내와 함께 나는 정기적으로 생활과 목회 사역에 대한 결과를 평가할 뿐만 아니라, 좀 더 좁혀서는, 매일마다 그렇게 한다. 몇 년 동안, 특별히 우리의 결혼 초기에 서로 다툼이 있으면, 진과 나는 특별히 시간을 내어 주말에 함께 계획을 세우고 기도했다. 우리는 과거와 현재와 미래를 그런 관점에 놓으려고 애썼다. 우리의 결혼 생활에서, 지도(指導)라는 의미를 얻는 데 있어 그렇게 하는 것보다도 더 효과적인 것은 없었다.

나는 또한 나의 가르침에 대해서 다른 사람들이 평가하게 할 때에, 서면이든 구두든 둘 다 응한다. 대부분의 사람들은 면상에서 어떤 부정적인 말을 하는 것을 좋아하지 않기 때문에, 종종 글로 쓴 평가 방법을 사용한다. 이렇게 하면, 그것은 또 그들이 조심스럽게 평가할 수 있도록 도와준다. 하지만 구두로 하는 피드 백도 가끔씩은 유용하다. 그것은 즉각적이다. 논평들이 명확할 수 있다. 나는 사람들의 신체언어(body language)를 읽을 수 있다. 그래서 그들의 말에서 나타나는 뉘앙스를 더욱 잘 "들을 수" 있다.

내가 어떻게 질문을 구상하는가 하는 것은 피드 백에 중요한 영향을 미친다. 평가자들의 마음에 무엇이 있든 간에 거두어들일 수 있는, 넓은 해석을 인정하는 질문을 던진다("이 수업을 통해서 당신이 도움을 받았던 부분은 어떤 것입니까?"). 또는 내가 궁금해 하는 그 이슈에 그들이 주의를 돌리게 하는, 지시적인 질문을 던진다("내가 했던 개론 부분에 당신은 관심이 있습니까?").

정기적으로, 수업에 대해 보고하게 한다. 나는 몇몇 학생들과 함께 다과를 들면서, 그들에게 말했던 것에 대해서, 그리고 그들에게 말하고 있는 것을 이해하는지, 또 그들이 묻고 싶어 하는 질문이 어떤 것이 있는지를 물어본다. 이렇게 하는 것이 가장 풍부하게 피드 백을 하는 수단 중의 하나임을 깨닫게 되었다.

때때로, 나는 우리 교회에서 다양한 계층을 대표하는 핵심 그룹을 모을 것이다. 그것은 젊은 독신자들이나, 십대와 결혼한 커플이나, 퇴직한 사람들을 포함할 수도 있다. 얼가 전에, 내 아내와 나는 퇴직 센터에서 어떤 퇴직 연금 생활자를 만났다. 우리는 특수한 요구들에 부응해야 하는 목회 사역을 연구하기 위하여, 그들의 생각과 문제점들과 꿈에 대해서 듣기를 원했다.

뿐만 아니라, 나는 대학 수사학 교수와 같은 전문가들을 통해서 도움을 받기도 한다. 그들은 가르치는 데 있어서 더욱 훌륭한 점들에 대해 정교한 비평을 함으로써, 비전문가의 눈으로는 간과하기 쉬운 것들을 분간해 낼 것이다.

평가하는 것은 봉급을 지불하는 것과 마찬가지로, 치루어야 할 값이 있다. 그것은 시간과 노력과 개방된 마음을 요구한다. 어느 날엔가 그것은 나를 격려하기도 하고, 다른 날에는 약점을 들추어내기도 한다. 종종 평가는 새로운 것이 하나도 없는 것처럼 보이기도 한다. 하지만 그때, 갑작스런 비약을 통해 나의 효과를 향상시키는, 적지만 값 진 통찰력이 나타나는 것이다.

마지막으로, 내가 평가에 대해서 생각할 때에, 한 가지 생각은 마음 속에 굳게 가지고 있다. 나는 나 자신이 또는 다른 사람들이 생각하는 것만큼, 그렇게 잘 못하고 있지는 않다는 것이다. 그렇다고 해서, 그 렇게 잘 하고 있는 것도 아니다. 하지만 분명한 것은, 평가하는 것 때 문에 나는 향상되고 있다.

요점 정리와 더 생각해야 할 Point

1. 당신은 교사로서 자신이 평가 받는 것에 대해 왜 꺼려하는가?

1) 자기 권위를 해치는 것으로 생각하기 때문

2) 다른 사람들의 다양함 때문

3) 자신이 가르치면서 많은 실수를 할 수 있다는 진실을 두려워하기 때문

4) 과도하게 영적으로 해석할 수도 있기 때문

5) 목회는 객관적인 평가가 어렵다고 생각하기 때문

2. 무엇을 평가할 것인가?

1) 나는 궁극적인 목표에 도달하고 있는가?

2) 나의 가르침은 잘 전달되고 있는가?

3. 어떻게 평가할 것인가?

1) 내가 잘한 것

2) 나에게 부족한 것

3) 바꾸어야 할 것

제 10 장
교사 선발과 관리

몇 년 전에, 이백여 명이 넘는 성인들을 위한 목회 상담 프로그램을 감독할 만한 사람을 선발해야 하는 책임을 맡게 되었다. 그것은 분명 큰 일이었고, 나는 그 프로그램에 아주 많은 시간과 노력으로 헌신할 수 있는 한 커플을 찾고 있었다.

그러한 요청을 기꺼이 하려고 하고, 또 할 수 있는 능력이 있는 사람이 있을까 하고 의아해 하면서, 나는 이 문제를 두고 문자 그대로, 몇 달 동안이나 기도했다. 결국에는, 주님께서 삼십 대 후반인 커플, 빌과 테리를 나에게 지시하고 계심을 알게 되었다. 그래서 어느 수요일 저녁에 교회의 홀에서 그들을 만나서, 이렇게 말했다. "나는 당신들을 위하여 사역에 대한 새로운 기회를 주고 싶은 마음이 있습니다. 그 일로 만나서 이야기를 나누어 보는 것이 어떻겠습니까?"

그 다음 주에, 그들과 나는 우리 집 거실에 함께 앉아서, 그들에게 제안을 했다. 교회 생활에서 그 프로그램의 중요성을 역설하고, 그들이 이 사역에 있어서 적당한 커플이라고 느끼게 된 모든 이유를 말했다.

그리고는 덧붙이기를, "나는 이 일을 사탕발림으로 겉만 그럴싸하게 하고 싶지는 않습니다. 그것은 힘든 일입니다." 또한 내가 생각할 수 있는 모든 잘못될 수 있는 가능성들을 조심스럽게 개략적으로 설명해 주었다. 교회 스탭들이 이미 짜 놓기는 했지만, 너무 빈약해서 그들은 도움이나 부차적인 자료를 많이 얻을 수는 없었다. 아마도 그 일은 시간이 많이 걸릴 것이고, 큰 보람을 느끼지 못할지도 모른다. 하지만 그 기회는 아주 중요했다.

나는 빌과 테리가 서로 쳐다보고는 다시 나를 보고 싱긋이 웃었을 때, 내가 잘못될 수 있는 가능성들을 너무 많이 내어 놓지는 않았나 하고 생각하기 시작했다.

그런데 빌이 이렇게 말했다. "여기 오는 길에 차 안에서 우리는 목사님께서 마음속에 품고 계신 일이 과연 어떠한 것일까 하고 의아해 했습니다. 그래서 우리는 서로 말하기를, '만약 그 일이 너무 시시한 교회의 일 중의 하나라면, 우리는 그러한 것은 하고 싶지 않다' 고 생각했습니다. 하지만 목사님께서는 정말로 가치 있는 일을 저희들에게 주셨습니다. 우리가 그 일을 하겠습니다.”

“하지만 잠깐만 기다리세요!”나는 그들에게 경고했다. “너무 그렇게 성급하게 대답하지 마세요! 그 문제를 두고 기도하시고, 생각해 보시고, 저에게 그 결과를 알려 주십시오.”

“좋습니다. 우리는 그 문제를 놓고 기도하겠습니다 ─ 하지만 대답은 여전히 예스일 것입니다!” 하고 빌은 말했다.

그리고 정말 그랬다. 사실, 이 커플은 그 일에 십사 년을 완전히 투자했다. 또한 그 프로그램은 그들의 지도 하에, 엄청나게 큰 성과를 거두었다.

나에게 있어서는, 그것이 바로 선발하는 것의 본보기였다. 그리고 그것은 교회 교육에 관한 사역에서 일꾼들을 선발할 때, 내가 하기를 원하는 그러한 대화였으며 장기간 동안 성공한 그런 유형이었다.

물론 항상 성공적인 것은 아니다. 때로는 사람들이 가르치게 한다는 것은 힘든 일이다. 일들이 너무 많아서 다 충족시킬 수도 없고, 사람들이 충분한 것도 아니다. 또, 사람들을 선발하려고 하는 대화도 서툴고,’ 하면서 변명을 해댄다. 그런 후에, 마침내 당신이 어떤 사람을 선발하면, 그들은 조기 사직해 버리거나, 다음 번에는 거절해 버린다.

선발하는 데는 항상 도전이 있을 것이다. 하지만 몇 년에 걸쳐서 깨닫게 된 것은, 내가 했던 많은 유용한 실습들은 가르치는 사람들을 선발한다는 것이 자질구레한 일들은 줄여 주고, 사역을 보다 성공적으로 할 수 있게 해 준다는 것이다.

단지 일을 하는 것이 아니라, 사역을 발견하는 것

사람들은 사역에 대해서는 흥분한다. 하지만 그들은 일에 대해서는 마음의 상처가 남아 있다. 그래서 나는 단지 일할 사람을 선발하지 않는다. 빌과 테리의 경우처럼, 사역할 사람들을 선발하는 것이다.

우리는 선발하면서, 겨우 "의무"라고 하는 것으로 동기부여 하려고 하는 유혹을 받음에도 불구하고, 의무는 목회 사역이라는 중대한 모험에 비교해 볼 때에, 너무나도 빈약한 동기부여 방식이다. 사람들은 "의무"라는 것을 위하여 일을 맡는 것을 그렇게 좋아하지는 않는다. 하지만 다른 사람들의 삶에 중요한 영향력을 미치는 기회를 만나게 된다면, 그들은 사역은 맡을 것이다.

이렇게 선발하는 방법을 생각해 보자 : "우리는 교실에서 매 주마다 누군가 가르칠 사람을 필요로 하는데, 저는 당신이 이 가르치는 일을 맡아주시기를 원합니다." 이제 위의 질문을 이렇게 질문하는 것과 비교해 보라. "우리는 젊은 그리스도인들의 인생에 신앙의 변하지 않는 기초를 놓아 줄 누군가를 찾고 있습니다." 어느 것이 더 설득력이 있다고 생각하는가?

그리고 그것은 단지 가장 설득력 있는 단어를 찾는 데 그치는 문제가 아니다. 내가 진심으로 원하는 것은, 잠재력 있는 교사들이 그/그녀가 교실에서 한 노력이 어떤 더 큰 것과, 어떤 영원한 것과 그리고 하나님의 뜻과 어떻게 결부되어지는지를 볼 수 있도록 돕는 것이다.

하지만 나는 고결함으로 그렇게 하기를 원한다.

그것은 곧 교사가 될 예비 교사들에게 그들이 기대하는 것과 그들에게 기대되는 것을 가능한 한 정확하게 알게 한다는 것을 의미한다. 나는 그들에게 연구 과제를 주는 즐거움뿐만 아니라, 그들이 노력해야 할 과제를 제시하는 데 주저하지 않는다. 결국, 만약 그것이 사역이라면, 과제가 있기 마련이다. 하지만 그러한 과제가 동기를 부여한다. 동기를 박탈하는 것은 "나는 능력 이하의 일에 종사하고 있어. 나는 시시한 일을 하고 있어"라는 느낌이다.

예비 교사들에게 나는 이렇게 말하기도 한다. "당신은 학습 교안을 잘 써서 내야 하며, 당신 학급을 위해 준비하는 데 최소한 일 주일에 세 시간은 보내야 하는 책임을 지게 될 것입니다. 구월부터 오월까지, 이러한 일들을 해야 할 것입니다. 그러나 우리는 오월에서 팔월까지 당신을 위하여 보충 요원을 준비해 두고 있습니다. 당신은 그 다음 달에 교사수련회에 참석해야 할 것이며, 오월에 있을 지도력에 관한 회의에도 참석해야 합니다."

물론, 사람들은 다양한 능력 수준과 다양한 은사와 다양한 생활 방식과 다양한 관심사를 가지고 있기 때문에, 그러한 모든 것들은 그들이 교회에서 가르치는 일에 헌신할 수 있는 시간과 에너지에 엄청난 영향을 미친다. 사실, 자발적인 지원자들이 완전히 소모되어 버리는 것을 피하는 최선의 방법은, 우리가 목회 사역의 짐을 지는 것을 아주 많은 사람들이 함께 공유하도록 요청함으로써, 그 일의 모든 무게가 겨우 몇 사람에게만 떨어지지 않도록 해야 한다는 것이다.

하지만, 대부분의 교회들에 있어서 정말 문제가 되는 것은, 사람들이 일을 너무 과도하게 맡은 데 있는 것이 아니라, 그들에게 능력 이하의 일들이 맡겨져 있다는 것이다. 그래서 나는 "당신이 내어놓을 수 있는 것마다 모두 드려라"라고 말하는 대신에, 교회를 통하여 그들이 적어도 사역에 대해 목표 이상으로 봉사할 수 있는지를 확인하고 나서, "당신이 가장 잘 할 수 있는 것을 드려라"라고 말한다.

선발하는 것은 관계이다

모든 선발하는 일은 결국 사람들에게 필요한 것들을 맞추는 데 소급되어진다. 당신은 어느 학급을 맡으면서 분명한 목표가 있을 것이고, 또 그러한 목표를 달성할 수 있을 누군가를 안다.

하지만 훌륭한 짝을 발견하기 위해서, 그 선발하는 사람은 교회에 있는 사람들을 알 필요가 있다. 그것은 제도화된 방법을 통해서는 알 수 없다. 그것은 오직 관계를 통한 방법으로만 가능하다. 우리는 사람들을 행동에 옮기게 하는 것이 무엇인지, 사람들을 흥분시키며, 열광시키는 것이 무엇인지, 그들이 시간을 어떻게 즐기고 있는지, 그리고 그들의 열정과 동기를 부여하는 것이 무엇인지를 알아야만 한다.

예를 들면, 한동안 교회에 계속 출석하는 젊은 어머니를 보았다 하자. 나는 그녀에게 육아실에서 아이들을 보는 일을 부탁하려는 유혹을 받을 지도 모른다. 하지만 그녀를 알고 난 후, 그녀가 관계성에 관한 기술을 은사로 받았으며, 복음을 전하려는 욕구를 가지고 있음을 알게 되었다. 그래서 그 대신으로 나는 젊은 어머니들을 위한 중요한 전도 프로그램을 계획하도록 요구할 것이다.

또는, 이민법에 의해 피난민들과 함께 일하는 변호사가 한 사람이 있다고 하자. 그는 이웃을 변화시키기 위한 그리스도인의 대답에 관련된 성인 세미나를 인도하는 일에 선발될지도 모른다.

그러므로 요점은, 우리가 그들의 은사, 능력, 그리고 관심을 알지 못한다면, 사람들이 사역을 발견하도록 도울 수 없다는 것이다. 그래서 좋은 선발이란, 커피 숍에서, 교회의 묵상 시간에서, 소그룹 모임에서, 성경 연구 모임에서 사람들을 알아 가는 계속적인 과정이다. 나는 교사들을 선발하는 사람으로서, 그들의 가정과 직장을 심방하는 교사를 믿는다.

그리고 선발하는 데 도움을 얻기 위하여, 소그룹 프로그램을 사용하는 것이 좋다고 믿는다. 만약 내가 어떠한 반을 위하여 어떠한 종류의 교사가 필요하다면, 나는 종종 소그룹 지도자들을 불러 모아서, 필요에 대해서 설명하고, 그녀가 그 필요를 채워 줄 수 있는 사람을 알고 있는지를 물어본다. 소그룹은 교회에서 아직 노출되지 않았고 풀려지지 않은, 숨겨진 잠재성을 발견하기 위한 효과적인 방법일 수 있다.

선발하는 팀

선발하는 데 가장 효과적인 길은 ─ 특별히, 대 교회에 있어서 ─ 팀 접근 방법이다. 계층적인 관계로는 넓은 관계망과 생각과 상상력의 합작품들과 팀 관계성으로부터 제공되는 상호 공급의 깊이를 도저히 충족시킬 수 없다. 더군다나, 팀 사역 ― 즉, 공동체 ― 은 기독교 사역의 거의 대부분을 차지하는 성경적인 모델이다.

팀은 다양한 관심과 배경과 은사와 열정을 나타내 준다. 그 팀 중 어떤 사람은 학자적인 성경 지식에 아주 깊은 열정을 가지고 있다. 또 어떤 사람은 연금 생활자들과 퇴직한 사람들의 필요성에 대해서 마음을 가지고 있다. 어떤 사람은 중 고등학교 젊은이들에게 특별한 관심을 가지고 있고, 또 어떤 이는 어린이 사역에 밀접하게 관련되어 있다.

사역할 사람을 가장 훌륭하게 선발할 수 있는 사람은, 그 사역에 가장 밀접한 사람이며, 그것에 대해서 가장 흥미를 느끼는 사람이다. 그래서 이학년 학생들과 함께 일하는 것에 열심인 사람은, 심지어 그 교회 목회자보다도 더 훌륭하게, 이학년 학생들의 교사를 선발할 수 있다. 팀 접근 방법과 함께, 그 팀의 개인들은 가장 관심이 있고 흥미를 가지는 분야에 대해서는 예비 교사들을 접촉할 수 있는 권한이 주어져 있어야 한다.

상대적으로 작은 교회 ― 말하자면, 75명에서 200명 가량인 ― 에서는, 목회자가 선발 위원회와 함께 가깝게 일할 수 있다. 목회자는 사람들과 그 환경들을 안다. 그래서 그/그녀는 이름들을 제의하며, 적절하지 못한 자원자들은 위원회가 받아들이지 못하도록, 비밀을 유지하면서 위원회와 접촉하며 움직일 수 있다.

성경이라든지, 신학이라든지, 교회 역사와 같이, 선발하는 데 목회자가 반드시 포함되어야 하는 어떤 학급이 있을 수 있다. 그 목회자의 요구는 가끔씩 어떤 반의 중요성을 강조함으로써, 교사들에게 참여하도록 격려하는 데 사용될 수도 있다. 목회자는 그 수업 과정이 교회의 더 큰 사역에 어떻게 적절하게 될지를 보여줌으로써, 그 학급에 대한 종합적인 비전을 전달할 수 있다.

하지만 가장 중요한 질문은, "누가 예비 교사들과 관계를 가질 것인가?" 하는 것이다. 대부분의 경우, 그것은 접촉을 만들어야 하는 사람이 해야 한다. 때때로, 목회자는 접촉을 만들어야 한다. 하지만 만약 선발하는 팀 중에 평신도인 어떤 사람이 예비 교사와 밀접한 친교를 유지하고 있고, 그 목회자는 그에 대해서 단지 일상적이고 기초적인 사실만을 알고 있다면, 그 평신도가 접촉을 가져야 한다.

선발하는 대화

많은 사람들은 매주 주일 아침을 선발하는 시간으로 선택할 것 같다. 나는 이것은 잘못된 것이라고 생각한다. 나는 어떤 사람과의 첫 번째 접촉을 교회의 잔디밭이나 또는 커피 주전자 옆에서 가지고 싶은 마음이 없다. 그것은 선발하는 대화와 같은 중요한 토론을 수행할 수 있는 아주 최적의 장소에서 되어야 한다.

만약 그렇게 중요한 일이 아니라면 — 말하자면, 만약 다음 달 잔치를 도와 줄 사람을 뽑으려고 하여 친절하게 그 대답을 기다리고 있다든지, — 공 예배 시간들 사이에 간단하게 하는 식의 대화가 아마도 적절할 것이다. 하지만 만약 내가 한 학급에 이 년 정도 헌신해야 하는 교사를 선발하려고 한다면, 나는 주일 아침 홀에서 뛰어가고 있는 사람을 붙잡으려고 하지는 않을 것이다. 왜냐하면 중요한 순간을 다른 사람들에 의해서 방해 받고 싶지 않기 때문이다. 나는 조용하고 서두르지 않아도 되는 환경을 원한다. 주일 아침의 만남은 대화 그 자체가 아니라, 단지 대화에 초대하는 것으로 사용해야 한다.

나는 선발하는 대화에 관한 계획을 미리 잘 세우려고 노력한다. 대부분의 사람들에게 있어서, 가르친다는 것은 단지 어떤 것이 하나 더 추가되는 것이 아니라, 자신의 생활에 중요한 재배열이 따라오는 것이다. 그래서 사월에 나는 이미 구월 또는 그 너머까지의 필요한 것들을 찾음으로써, 예비 교사들이 계획을 세우고, 기도하고, 우선 순위를 매기는 데 필요한 시간을 줄 수 있다.

이상적으로는, 선발하는 대화는 주위가 조용하고 편안한 자리에 앉아서, 비전을 나누고, 목적을 설명하고, 예상되어지는 기대치를 말하고, 당신이 주기를 원하는 도움을 상세히 설명해 주는 것을 포함한다. 나는 사람들에게 그들이 그 일을 하려고 할 때에, 필요한 것이 무엇이라고 생각하는지를 물어본다. 그리고는 그들과 함께 그 수업 과정의 개요를 전반적으로 생각하기 시작한다. 그래서 그 학급을 준비하는 데 도움이 되는 책과 테이프와 또는 다른 자료들을 물어본다.

나는 이렇게 물어본다. "당신이 그 일을 하는 데 필요한 것은 무엇이 있겠습니까? 그리고 도움이 될 만한 것은 어떠한 것들이 있겠습니까? 예를 들자면, 당신은 그 학급을 위해서 도움을 주는 팀을 선발하는 데 당신이 도와주기를 원하십니까?"

우리는 "일에 대한 설명" — 형식적으로 씌어진 문서가 아니라, 이해를 하도록 — 을 두고 토론한다. 나는 선발하는 경험은 협약이 아니라, 친구들 사이에서와 같이, 정해져 있지 않은 시간 속에서 함께 생각하고 기도하며 결정에 도달하는 동역자 의식의 형성이어야 한다고 믿는다. 나는 "이 정도의 분량으로, 서면으로 써서 회답해 주십시오"라고 말하지 않고, "함께 하나님의 뜻을 찾아봅시다" 하고 말한다.

나는 사람들이 그 기간에 교체하는 것 없이 이 년 주기로 헌신하도록 하려고 노력한다. 그렇지만 그들은 이 년 동안 꼬박 매주 일하고 있는 것은 아니다. 나는 종종 사람들에게 이렇게 말한다. "첫 번째 일 년 동안에는, 당신은 그 일을 배우고 있는 것입니다. 그리고 두 번째 일 년 동안에, 당신은 당신의 후임자를 훈련시켜야 합니다." 교사들이 이 년 주기로 헌신하는 것을 아주 잘 유지해오고 있다. 특별히 우리가 차 마시는 시간이나, 잠깐 휴식을 취하는 것이나, 휴가를 가는 것에 대한 계획에 조심스럽게만 한다면, 어떤 이는 더 오래 할 수도 있다.

나는 예비 교사들에게 성령님의 진정한 인도를 느낄 만한 여지를 주려고 노력한다. 선발하는 데 있어서의 위험은 우리가 손쉽게 조작할 수 있다는 것이다. 우리가 협의 사항의 중요성과 진실함을 너무 확신하기 때문에, 우리 프로그램의 요구에 다른 사람의 뜻을 굴복시키려고 애를 쓸 수도 있다.

선발하는 대화를 통하여 가장 중요한 시간은, 바로 내가 말하는 데 사용되는 시간이 아니라, 듣는 데 사용되는 시간임을 나는 믿는다. 나는 예비 교사들에게서 질문과 두려움과 염려를 듣는다. 흥분과 열정의 여러 가지 표시들을 듣는다. 그리고 예비 교사들이 주저하는 어떤 것이 있을 때에, 나는 이유와 변명 사이의 차이점을 뚜렷이 분별해서 듣는다.

이유와 변명

변명을 처리하는 것은, 선발하는 데 있어서 가장 다루기 힘든 부분 중의 하나이다. 한 가지 이유로는, 그러한 "변명"이 가끔씩 타당한 이유들이기도 하기 때문이다. 변명과 이유를 말하는 것을 듣고 분별하는 것은 선발하는 것과 함께 요구되는 구별해야 할 것이다.

만약 예비 교사가 나에게 말하기를, "이런 참, 이번에는 정말로 반을 가르치기를 원했어요. 그런데 마침 제가 올해 사친회의 회장이 되었지 뭐예요. 그래서 지금 당장 또 다른 일을 맡을 수가 없을 것 같아요." 그러면 나는 이렇게 대답할 것이다. "예, 물론 사친회 회장은 중요한 위치입니다. 저는 당신의 그 헌신된 모습을 지지합니다. 아마도 그 임기가 끝나고 나면, 우리는 가르치는 것에 대하여 다시 한번 타진해 볼 수 있을 것입니다." 그리고 나서 나는 공감하면서, 그 사친회 사람들이 해야 하는 의무에 대해 진정한 관심을 보여준다.

사람들은 당신이 진심으로 자신을 지지해 주고 있음을 느낀다면, 당신은 종종 긴 기간에 걸쳐서 교사를 얻게 될 것이다. 효과적인 선발자는 긴 기간을 생각하고, 좋은 관계를 유지해야 한다고 나는 믿는다.

만약 어떤 사람이 사역을 맡기를 원하지 않을 때에, 그것은 변명일 수도 있다. "우리 어머니께서 두 주에 한 번씩 시내로 나오시거든요." 또는 "우리 가족은 여행하는 것을 좋아해요. 그래서 봉사할 수 없을 것 같아요." 하지만 그것은 단순하고 완전히 변명일 따름이다. 만약 그 사람이 그 학급을 가르치는 것이 정말로 가치가 있는 것이라고 믿는다면, 그는 그러한 것들은 부차적인 것으로 곧 미루게 될 것이다.

나는 명백한 변명에 직면했을 때, 그 변명을 없던 것으로 간주해야 할지, 아니면 그 일에 대한 설명을 바꾸어야 할지를 구별해야 한다. 이따금씩 단순히 변명일 경우에는 이러한 것을 의미하기도 한다. "저는 그렇게 큰 일에는 봉사할 수 없어요. 만약 조금 더 작은 것이라면, 그것에 대해 생각해 볼 수 있을 텐데." 그래서 나는 그 일을 두세 부분으로 나누어서 예비 교사들에게 그 일의 한 부분을 맡도록 제의할 것이다.

물론, 사람들이 변명하는 것을 항상 극복할 수 있는 것은 아니다. 그리고 그 사람이 가지고 있던 문제점들이 세 번씩이나 해결되었고, 그/그녀가 그것을 하지 못하겠노라고 또 다른 이유를 생각하고 있을 때, 나는 그 사람이 "나는 사실 마음이 내키지가 않아요, 그게 바로 이유랍니다"라고 말하고 있음을 안다.

부적당한 변명

어떤 특별한 주목을 끄는 한 가지 대답은, "저는 이 학급을 가르칠 만한 은사도 없고 경험도 없고 지식도 없어요"라고 말하는 "부적당한 변명"이다.

당신이 그것을 생각할 때에, 실제로는 부적당한 변명은 다시 시작하기에 좋은 위치이다. 사람들은 아이들을 가르치든, 젊은이나 성인들을 가르치든 간에, 가르치는 일은 겁을 먹는 게 당연하다. 그것은 막중한 책임이 있기 때문이다.

사실, 적당한 사람은 아무도 없다. 사도 바울은 자신이 적당하다고 느끼지 못했다. 모세도 적당하다고 느끼지 않았다. 그리고 나 또한 확신하는 바는 나 자신이 적당하지 못하다는 것이다. 하지만 우리는 예비 교사들에게 도움과 훈련과 기도 지원과 자료들을 제공함으로써, 그러한 부적당한 변명들에 대해서 능히 대답할 수 있다.

가장 일반적인 부적당한 변명 중의 하나는 "저는 이 주제를 가르칠 만큼 충분히 알지 못해요"라고 말하는 것이다. 그런 경우에, 나는 이렇게 대답한다. "당신이 그 주제를 알 수 있도록 제가 도와 준다면, 더욱 자신감을 가질 수 있겠습니까?" 또는 "만약 제가 당신에게 특별히 뛰어난 자료를 주면 어떻겠습니까?" 또는 '보조 교사가 도와주도록 할까요?' 그리고 나서 나는 대답을 조심스럽게 듣고는, 그 사람이 정말로 그 일을 하기 위해서 도움과 격려를 필요로 하는 것인지, 아니면 내가 다른 교사를 찾아 볼 필요가 있는지를 결정할 수 있다.

만약 면밀히 조사해 본 후에, 그들이 자신감이 부족해서 가르치는 일을 꺼리고 있는 것을 본다면, 나는 재조정하여 그들을 배우는 데에 포함시키려고 애를 쓸 것이다. 그리고는 이렇게 말할 것이다. "아마도 당신은 지금부터 일 년 동안, 학급을 가르친다는 것에 대해서 여느 때보다도 더 잘 느낄 수 있을 것입니다." 또는 "아마도 당신이 흥미를 느끼고 가르칠 만한 또 다른 과목이 있습니다." 많은 경우에, 나는 일 년 동안 그들과 관계를 유지하면서, 기다리는 것을 통하여, 유능하고 영구적인 교사들을 선발해 왔다.

자연적으로, 훈련하도록 제의를 받은 교사는 다른 사람들의 반응 과는 차이가 날 것이다. 만약 그들이 그것이 그들의 관심사에 대답을 주고, 또 계속 그렇게 되는 것을 본다면, 그들은 가르치는 것을 예스 라고 말하는 데 자신감을 더욱 가지게 될 것 같다.

가끔씩 "부적당한 변명"을 이끌어 내는 또 다른 요인은 우리가 선 발할 때 사용하는 말에 있다. 내가 앞에서 말했듯이, 잠재력이 있는 교사들이 그/그녀 자신이 교실에서 가르친 결과가, 어떤 더 큰 것들 과, 어떤 영원한 것들과, 하나님의 계획과 어떻게 연결되는지를 발견 할 수 있도록 도울 수 있다고 나는 믿는다. 그러나 그것은 사역의 결 과를 과도하게 강조함으로써, 사람을 압도하여 주눅이 들게 할 수 있 다.

만약 내가 대학생들을 가르치는 것이 영원불변한 중요성을 가진다 는 것을 너무 과장되게 말한다면, 예비 교사들은, "저는 그런 영향력 을 미칠 만큼 훌륭한 교사는 되지 못해요"라고 대답할 것이다. 격려 하고 동기를 부여하는 대신에, 오히려 그 교사의 마음에 상처를 줄 것 이다!

비전과 사역에 대한 말은 우리가 이야기하는 사람의 수준에, 그리고 가르치는 일의 수준에 적당해야 한다.

예스를 대답으로 받아들이지 말라

선발하는 데 있어서, 내가 신봉하는 또 하나의 원칙이 있다. 사람들로 하여금 첫 번 대화에서 대답하게 하지 말라. 내가 하는 일은 사람들을 내 프로그램에 끌어들이는 데 있는 것이 아니라, 그들이 하나님의 뜻을 분별하도록 도우는 데 있다. 그래서 내가 하는 질문은 이렇다. "하나님께서 정말로 이 사역에 당신을 부르고 계십니까?" 만약 하나님께서 그 사람을 부르지 않으셨다면, 나는 그 사람이 가르치는 것을 원하지 않는다.

그래서 나는 그런 의도에서 항상 이렇게 말한다. "이 가능성에 대해서 며칠 동안 기도하고 생각해 봅시다. 그리고 나서 지금부터 일 주일 동안 의견을 모아서 다시 이야기해 봅시다."

심지어 만약에 그 사람이 "예, 그것을 하겠어요."라고 말할지라도, 나는 항상 이렇게 말한다. "나는 당신이 그것에 대해 긍정적으로 느끼고 있음을 기쁘게 생각합니다. 하지만 이것을 두고 진지하게 기도해보지 않으시겠습니까? 당신의 배우자와 함께 그 일에 관해서 이야기해보지 않으시겠습니까? 그리고 나서 함께 다시 모여서 이야기 해 봅시다."

이런 식으로 해서, 나는 단순히 사람을 조작해서 어느 위치에 두려고 애쓰는 것은 피한다. 나는 또한 선발이라는 것은 깊이 생각하고 기도한 후, 자발적으로 자원하는 것임을 확신하게 함으로써, 심지어 엘리야 증후군을 겪더라도 그들이 변함없이 충실하게 헌신할 수 있는 더 큰 기회가 있게 한다.

엘리야 증후군(Elijah Syndrome)

가르치는 것은 고갈시키는 것이다. 수업 후에, 많은 교사들은 "엘리야 증후군"(The Elijah Syndrome) — 에너지의 고갈, 불만감, 불쾌감은 종종 하나님을 의심하고, 자신을 의심하는 형태인 영적인 기습을 동반한다 — 에 빠진다. 우리는 수업 시간을 되돌아보고는 생각하기를, "다른 사람을 속이고 있는 나는 도대체 누구인가? 그들이 이번 수업 시간을 통해서 얻어낸 것은 아무것도 없어. 나는 실패했어." 하고 생각한다.

나는 새로 맡은 교사에게 항상 "엘리야 증후군" 에 대해 경고하고, 그것에 대처하는 방법을 제안하려고 애쓴다. 예를 들면, 성인을 교육하는 교사들은 수업 시간에 피드 백을 요구할 수 있다. 당신이 사람들에게 물어보지 않으면, 그 수업이 그들에게 어떻게 영향을 미치고 있는지를 그들이 말해 주는 일은 드물다. 그래서 나는 이렇게 제안하고 싶다. "우리가 배웠던 것 중에서 당신이 그리스도와 교제를 가지는 데 도움이 된 것이 있다면, 그것은 무엇입니까?"와 같은, 몇 가지의 간단한 질문을 교사들이 카드로 만들어서 나누어주는 것이다. 그러면 어떤 사람이 당신이 가르치는 것이 자신의 생활에 영향을 미쳤다고 당신에게 말할 때에는, 그것은 용기를 북돋우어 준다. 특별히, 그 사람이 뒷줄 구석에 앉아, 수업 시간에는 말 한 마디도 하지 않고 조용히 있던 사람이라면 더욱 그렇다.

"엘리야 증후군"으로부터 교사들을 보호할 수 있는 또 한 가지 방법은, 선발하는 팀에 의해 안전하게 지지를 받는 감정적인 생명줄을 그들이 가지고 있음을 확신시키는 것이다. 우리 교회에서는, 교사들과 접촉을 유지하고 있는 선발하는 팀의 사람들을 파견하여, 그들의 필요를 묻고, 그들이 가지고 있는 문제점에 도움을 제공하고, 격려하며, 또한 어떤 특별히 어려운 이슈들은 다시 선발하는 팀으로 가져와서 토론을 통해 해결 방안을 찾는다.

특별히, 새로운 과목이라든지, 새로 맡은 교사인 경우에는, 수업을 도와주는 사람으로서 교사를 지지해 주는 사람을 넣어 두어야 한다. 이러한 방법으로, 나는 그 수업이 어떻게 진행되고 있는지에 대한 독자적인 보고를 얻을 수 있다. 하지만 더욱 중요한 것은, 잘 해 나가고 있음을 확증해 줌으로써, 그 사람은 교사를 지지해 줄 수 있다. 교사가 그 학급에 대해서 객관적으로 되기는 참으로 어렵다. 그래서 나와 교사에게는 독자적인 관점을 이끌어 주는 것이 도움이 된다.

한 때, 뒷쪽의 벽에 있는 시계를 향해서만 항상 가르치던 교사가 성인 교육반에 있었다. 그는 결코 학생들을 쳐다보지 않았다. 그래서 그의 반이 오십 명에서 삼십 명으로 점차 줄어들었을 때에도, 심지어 그는 알지도 못했다! 내가 가끔씩 그의 반이 어떻게 되어 가는지를 물어 보거나 하면, 그는 이렇게 대답하곤 했다. "거의 환상적이에요! 저는 정말 이 수업 시간을 즐겁게 보내고 있어요." 몇 주 동안, 나는 이 교사의 보고를 액면 그대로 받아들였다. 그러다가 이제 몇 명 남지 않은 학생들 중 한 사람을 통하여 그 곳에서 일어나고 있는 일을 듣고는 알게 되었다. 그 경험은 나에게, 우호적이지만 정직하고 독자적인 보고를 얻는 것이 얼마나 중요한지를 확증해 주었다!

교사들과 관계를 유지하면서 "엘리야 증후군"을 막아낼 수 있는 또 다른 방법은, 교사들에게 격려하는 문구가 담긴 편지를 보내는 일이다. 한번은 교사를 선발하는 팀에 "저는 도저히 서서 가르칠 수가 없어요. 하지만 그 교사들에게 편지를 쓰는 데는 자신 있어요."라고 말하는 여성이 있었다. 그래서 그것이 그녀의 사역이 되었다. 학기 중간 쯤 되어서 대부분의 교사들이 슬럼프에 빠지기 시작할 때, 그녀는 정직한 확증과 성경 말씀들과 기도들이 온통 뿌려져 있는, 손으로 쓴 수십 통의 편지를 보냈다. 많은 교사들이 나중에 말하기를, 그들이 "엘리야 증후군"에 빠져 들어가기 시작하면, 바로 그 때 그들을 고양시키기에 꼭 필요한 말들을 해주었다고 한다.

그 학기 마지막에, 그녀는 또한 모든 교사들에게 감사의 편지를 써서 보냈다. 어떤 사람이 그녀에게 다가와서는, "우리는 당신이 한 일에 진심으로 감사하고 있습니다"라고 말할 때에 그것은 아주 큰 의미를 가진다.

나는 또한 교사들에게 책이나 다른 자그마한 선물 — 특별히, 그들이 그 다음 수업을 가르치기 위해 준비하는 데 도움이 되는 선물들을 하여 그들에게 보답해야 한다고 믿는다. 예를 들면, 우리 벧엘 교사들에게 나는 그들이 연구하는 데 도움이 되는 지도나 성경 핸드북을 주었다. 나는 또한 예배 전에 그들을 불러내거나 그들의 이름을 주보에 인쇄함으로써, 공개적으로 교사들에게 감사의 뜻을 표한다.

동기를 박탈하는 것들(De-motivators)을 경계하라

일단 우리가 한 반을 만들려는 멋진 생각을 하고, 그것을 계획하고, 은사가 있고 유능한 교사를 선발하여, 마음을 끄는 소책자를 내게 되면, 경계해야 할 것이 하나 더 남아 있다. 치명적인 암초가, 보이지는 않지만 수면 아래 숨어서 우리의 작은 보트를 기다리고 있다. 그것은 바로 동기 박탈이라는 암초이다. 그것은 간과해 버리기는 쉽지만, 우리의 교육 프로그램을 황폐화시켜 버릴 수 있는 것이다. 나는 쉽게 해결되어질 수 있는 것들임에도 불구하고, 동기를 박탈하는 것들로 인해 교사들이 그만두도록 위협받는 것을 많이 보아 왔다. 예를 들면,

• 매 주마다 성인 담당 교사는 방이 어린이들을 위한 구조로 되어 있는지를 보기 위해서 들어간다. 매 주일 그녀는 성인들을 위한 환경을 만들기 위해서 가구들과 씨름을 한다.

• 어느 교사는 (헛되이) 불평하기를, 시청각 자료가 제 기능을 발휘하지 못하거나 도움이 되지 못하며, 전등 고정 장치의 전구가 다 타버려서 교환할 수가 없게 되었고, 칠판은 있어도 분필은 하나도 발견할 수 없다고 한다.

• 어느 교사는 그녀의 반이 교회에서 어느 구석에 쳐 박혀 있어서

눈에 잘 띄지 않으며, 사람들이 그 반을 잘 찾아 올 수 있도록 도와주는 표시도 하나 없다고 낙담한다.

나는 그것이 가르치는 교사의 일이며, 또 그러한 것들이 없어져야 한다고 확신하는 선발하는 사람의 일임을 믿는다. 하지만 아마 틀림없이 교사들은, 교사는 가르치는 일 외에는, 부가적으로 관리하며 유지하는 일을 할 필요가 없다고 생각할 것이다.

특별히 성인 교육의 경우, 교사가 자신이 가르치는 사람 중에 한 사람이 마음을 압도하는 감정적인 또는 심리학적인 문제를 가지고 있다면, 또 하나의 동기를 박탈하는 요인이 생긴 셈이다. 평범한 교사는 그런 경우에 무엇을 해야 할지 알지 못한다. 그래서 훌륭하게 선발하는 팀은 반드시 그 교사가 그러한 특별한 문제를 다루는 데 도움이 될 수 있는 대책을 갖춘 체제이어야 한다.

교사들은 그들이 낚시대 끝에 잘못 매달려서 메기류의 물고기나 기다리고 있는 낚시밥과 같다고 결코 느끼지 않게 되어야 할 것이다. 모든 교사는 더 큰 그물에 연결되어 있다는 신뢰감을 가져야 한다. 문제가 있을 때마다, 어떤 이는 해결점을 찾는 데, 또 어떤 이는 도움을 주는 데, 또 어떤 이는 돌보는 데 준비가 되어 있어야 한다.

만약 당신이 가르칠 사람을 찾을 수 없다면, 어떻게 하겠는가?

어느 여름 성경 학교 기간 동안, 우리는 성경 학교 프로그램을 위한 교사를 찾을 수 없었다. 사람들은 자신의 자녀들을 위한 성경 학교 프로그램을 원했지만, 우리 교사들 중 대부분은 팔월 한 달 동안은 도시를 떠나 버렸다. 그래서 우리는 자원자를 찾을 수 없었다.

우리 교회 교육위원회는 그 문제를 두고 토론하였는데, 논쟁 끝에, 어린이 성경 학교 프로그램을 진행하기 위해서 누군가를 고용하지 않기로 결정하였다(물론, 그렇게 하고 있는 교회가 잘못하고 있다고 말하고자 하는 것이 아니라, 우리 상황에서는 그렇게 할 수밖에 없었다). 그래서 우리는 교회 주보에 광고를 내고, 팔월에 어린이들을 위한 반이 없어질지도 모른다고 알렸다.

이것은 사람들이 자발적으로 나서도록 하려고 공갈치는 것이 아니었다. 그것은 단순히 그 문제를 해결해 보려는 것이었고, 어떻게 해서라도, 해결해 보려고 하는 노력의 일부였다. 뿐만 아니라, 예배의 형식적인 부분은 조금 더 없애고, 어린이들의 관심을 집중시킬 수 있도록 바꾸었다. 예배드리기 위하여, 부모들은 자기들의 어린이들을 교회에 데리고 나왔고, 몇 주간 동안에 걸쳐, 어린이 예배 시간에 어린이들을 데리고 나오는 것은, 고생보다는 오히려 유익이라고 많은 사람들은 생각했다.

비록 굴곡이 있기는 하나, 교사가 없는 문제를 해결하는 창조적인 방법은 종종 있다. 하지만 길을 잘못 들기 전에, 왜 자원자가 없는지 그 이유를 조사해 봄으로써 주로 나는 시작한다. 아마도 잠재력이 있는 교사들이 휴가를 너무 많이 떠나 버렸기 때문일 수도 있다. 그리고 그 반에 꼬마 테러리스트가 있기 때문에, 네 살짜리 반을 아무도 맡지 않으려고 하는 것일 수도 있다.

만약 문제가 단순히 자원자가 한 사람도 없기 때문인 것으로 밝혀진다면, 나는 아마도 주보에 광고를 이렇게 실어 보낼 것이다. "우리는 이 반을 가르칠 교사가 없습니다. 만약, 지금부터 세 주가 지난 후에도, 여전히 교사가 없다면, 네 살 반을 단계적으로 없앨 수밖에 없을 것입니다." 다시 말하지만, 그렇게 하는 것은 조작하려는 시도가 아니라, 단지 사실을 있는 그대로 말하고자 하는 것뿐이다.

만약에 그래도 반응이 없다면, 나는 내 자녀들의 사역 팀과 함께 기발한 생각을 하게 될 것이다. 왜 부모들이나 다른 성인들이 이 프로그램이 위험에 처해 있다는 것을 느끼지 못하는지, 그리고 왜 그들 자신은 시간이나 재정적 곤란에 대한 어떠한 대가도 치르지 않고, 제공되는 것만 받으려고 생각하는지, 그러한 문제를 두고 우리는 함께 씨름을 하곤 했다. 우리는 한 달 정도의 짧은 기간 동안 봉사하는 팀을 선발하려고 생각하기도 했고, 다른 창조적인 가능성들을 생각해 보기도 했다. 그리고 나서 만약 다른 모든 것이 수포로 돌아간다면, 우리는 네 살 반을 다섯 살 반에 합병시킬 것이다. 하지만 우리는 계속 긴 기간 동안 해결점을 찾으려고 노력할 것이다.

선발하는 사역

사람들로 하여금 가르치도록 동기를 부여하는 것에는 두 가지 종류의 열정이 있다. 하나는 그 과목에 대한 사랑이다. 그리고 다른 하나는 사람들에 대한 사랑이다. 선발하는 사역은, 이 두 가지 사랑을 잘 보여줄 수 있는 사람을 발견하는 것과 그들의 그 열정을 올바르게 사용하도록 하는 데서 만족이 온다. 선발하는 것은 어려운 일이다. 그 것은 실망시키기도 한다. 심지어 어떤 때는 고통스럽기까지 하다. 하지만 그 사역의 영구불변한 중요성을 이해하는 사람에게는 커다란 만족을 가져다 준다.

그러므로 결국, 선발하는 것은 분별하는 사역이다. 그것은 다른 사람들이 자신의 은사를 발견하고, 하나님의 뜻을 분별하도록 돕는 거룩한 행위이다. 그것은 기도로써 시작하고, 관계를 세워 나감을 통해서 진행된다. 선발하는 사람의 핵심은 단지 그 일에 있는 것이 아니라, 사람에 있다. 우리는 단지 프로그램을 진행시키고 있는 것이 아니라, 사람들을 훈련시키고 있는 것이다. 우리는 교회뿐만 아니라, 그 교사를 위해서 선발하고 있는 것이다. 그것은 다른 사람을 사역에로 부르시는 그의 도구로서, 하나님에 의해 사용되어지는 흥분할 만한 권세이다.

요점 정리와 더 생각해야 할 Point

1. 당신은 교회 교육의 일꾼을 뽑을 때, 단지 일을 하는 것이 아니라 사역할 사람을 선발했는가?

1) 의무감

2) 연구과제 제시

2. 당신은 교사 선발에 얼마나 많은 관심과 노하우를 갖고 있는가?

1) 관계 중심의 프로그램

2) 팀 접근 방법

3) 선발하는 대화

4) 이유와 변명 처리 (부적당한 변명 / 엘리야 증후군)

5) 동기 박탈하는 것들

3. 만약 당신이 가르칠 사람을 찾을 수 없다면 어떻게 하겠는가?

1) 동기 부여 (과목에 대한 사랑 / 사람들에 대한 사랑)

2) 분별하는 사역

제 11 장
사람들을 교사로 훈련시킴

인테리어 디자이너로서 상을 수상하기도 한 어느 젊은 여성이, 그녀가 다니는 교회의 주일학교 반 중에서 한 반을 담당할 교사가 필요함을 알았다. 그녀는 자원했다. 그들은 그녀의 손에 커리큘럼을 쥐어 주며, "당신이 그것을 읽을 수 있다면, 가르칠 수 있습니다"라고 말했다.

그녀는 할 수 없었다. 그녀는 노력했다. 그리고 읽었다. 그녀는 몇 번의 수업에서 실수를 경험했다. 그리고는 그만두었다. 비록 몇 년이 지난 후에도, 그 경험 때문에 마음의 충격이 지워지지 않았다. 만약 누군가가 그녀에게 가르칠 것을 요청하기라도 한다면, 그녀는 단호하게 "못해요!"라고 대답했다.

우리 교회 의자에 앉아 있는 사람들 중에는 전에 교사를 해봤던 사람(ex - teacher)으로서, 이제는 신용하지 않는 교사가 단지 그녀 한 사람만 있는 것은 아니다. 그리고 누가 그녀를 탓할 수 있겠는가? 동시에, 목사님이나, 주일 학교 부장 선생님이나, 교육 위원회나 누구를 탓할 수 있겠는가? 나의 며느리가 커리큘럼에서 손을 뗄 수밖에 없었던 것처럼, 많은 목회자들은 교사들을 그들의 관리 하에서 훈련시키고 있고, 가르치는 데 있어서 그녀가 가지고 있던 지식 정도로 훈련시키고 있다. 그래서 교사를 훈련하는 것은 주일 학교 학급을 가르치는 것만큼 어려운 일일 수 있다.

그러나 불가능한 것은 아니다. 사실, 미국에 있는 크고 작은 많은 교회들이 자원자들이 잘 가르칠 수 있도록 필요한 것들을 익히게 하는 데, 다른 사람들의 이목을 충분히 끌 만한 일을 하고 있다. 나는 그러한 프로그램에 참여하고 관찰하면서, 그들의 교사들을 훈련시키는 것을 꿰뚫는 몇 가지 공통된 맥락들을 이해하고 있다.

배우게끔 하라

유능한 교사들은, 첫 번째로 그리고 최우선적으로, 무엇이 교육이며 무엇이 교육이 아닌지를 의식적으로든지 직관적으로든지 이해하고 있다. 하지만, 불행하게도, 아직도 많은 교사들은 가르치는 것을 내용물을 덤핑 판매하는 것 정도로 생각한다. 그들은 커리큘럼에 의해서 그 주간의 지식을 처분해 버리기만 하면, 가르친 것이라고 당연하게 생각한다. 그들이 말해야 할 것을 잊어버리거나, 그 과목에 대해 더듬거리지 않는 한, 또 학생들이 시끄럽게 떠들어대거나 너무 지루해 하지 않는 한, 그들은 가르치는데 성공했다.

하지만 열려진 눈과 조용한 자세가 효과적인 가르침의 척도가 될 수 없다. 최종적인 질문은 교사가 무엇을 하느냐가 아니라, 교사의 행위의 결과로써, 학생들이 무엇을 하느냐 하는 것이다.

몇 년 전에, 나는 성경에서 "가르치다"로 번역되는 그리스어와 히브리어의 동사가 종종 "배우게끔 하다"로 번역될 수 있음을 알았다. 예를 들면, 고전 그리스어 문학에서는, 한 사람이 돌을 집어 들고, 그것을 나무를 향해 던지는 구절이 있다. 그러면서 그는 그의 아들에게 설명한다. "이것은 네가 그 돌을 잡는 방법이다. 이것은 네가 팔을 뻗는 방법이다. 너의 눈을 나무를 향해 고정시켜라. 그리고는 끝까지 노력해라." 그러면서 아버지는 아들에게 "이제 나는 네가 배우도록 했는지를 볼 것이다"라고 말한다.

이러한 방법으로 가르침을 바라보는 것은, 나의 접근 방법에 혁명적인 변화를 일으켰다. 내가 알고 있는 것을 학생들에게 어떻게 말할까 하는 문제로 계획을 세우는 대신에, 내가 어떻게 그들로 하여금 배우게 할 수 있을까 하는 데 초점을 맞추기 시작했다. 그것으로 인해 나는 더욱 훌륭한 교사가 되었다. 그래서 교사 훈련을 시작할 때에, 나는 이러한 관점에서 교사들이 그들의 일을 바라보기를 원한다.

데이타 베이스(database)를 구축함

비어 있는 디스크로는 아무도 가르칠 수 없다. 교사들은 성경의 진리, 교리들, 그리고 가르침의 원리들과 같은 것들 중에서 끌어낼 데이타 베이스가 필요하다.

그래서 우리가 모일 때에, 나는 특별한 학생들이 어떻게 배우는가와 같은, 효과적인 가르침의 원칙들을 가르친다. 근육 발달 뒤에 놓여 있는 물리학의 원리를 이해하는 보디빌딩 코치는 선수를 더 잘 훈련시킬 수 있다. 예를 들면, 같은 근육근(筋肉根)에 가해지는 매일의 체중 조절 훈련은 휴식과 재건이 없으면, 근육 섬유를 해체시켜 버릴 것이라는 것을 이해한다.

그와 같이, 학생들이 배우는 데 참여할 때에, 그들이 배우는 것을 사용할 때에, 그들에게 배우고자 하는 동기부여가 되어 있을 때에 더 잘 배울 수 있다는 사실을 교사들이 알지 못하는 한, 교사들은 종종 학생들이 배우도록 하는 데 실패할 것이다. 존 밀턴(John Milton)이 지은, 「일곱 가지 가르침의 원리(The Seven Laws of Teaching)」는 사람들이 어떻게 배우는지에 대하여 교사들을 지도해 줄 수 있는 많은 책들 중의 하나이다.

균형 있게 가르치기 위해서는, 단지 우리가 하고 있는 어떠한 가르침이 아니라, 기독교적인 교육이어야 한다. 그래서 나는 언제나 기본적인 약간의 교리와 신구약 개론과 기초적인 성경 해석학을 교사 훈련 계획에 포함시킨다.

물론, 문제는 내가 기초적인 것들보다 더 많은 것을 가르칠 만한 시간이 없다는 것이다. 하지만 유능한 교사들은 계속적으로 질에 있어서의 향상이 필요하다. 그것이 바로 교사들이 성경을 스스로 연구하도록 가르치는 이유이다. 가장 중요한 것들 중의 하나로, 내가 교사 훈련 세미나에서 주로 하는 것은, 교사들이 스스로 고기를 잡을 수 있도록 정신적인 낚시대와 릴을 주는, 귀납적인 성경 공부이다.

교사들이 독자적인 성경 연구를 할 수 있도록 하는 것은, 그들이 유능하다고 느끼게 하고, 그들이 가르치는 것에 대해 더욱 신뢰하게 하며, 그들의 역할에 대해 더욱 흥미를 불러 일으키게 한다. 성경 연구와 가르침은 성경이 무엇을 가르치고 있는지를 발견하는 모험이 된다. 내가 철저하게 숟가락으로 떠 먹여 주는 대신에, 그들은 갑자기 그들 자신의 어떤 통찰력으로 새로운 것들을 자유롭게 줄 수 있음을 느낄 것이다. 우리는 사람들이 알아야 할 필요가 있는 모든 것을 가르칠 수는 없다. 하지만 그들이 그것을 어디서 어떻게 발견하는지를 가르칠 수는 있다.

교사들이 학급을 맡기 전에, 얼마나 완벽한 데이타 베이스가 필요한가? 내가 일리노이 (Illinois)의 오로라(Aurora)에서 목회할 때에, 세부적으로 상세하게 되어 있는, 팔 개월 동안의 교사 훈련 프로그램을 계발했다. 스무 일곱 명의 자원자가 신실하게 전 과정에 참석했다. 그들은 팔 개월 과정을 마치고 나서, 주일학교에서 가르치는 것에 대한 기초적인 것을 충분하게 안 후에, 나는 자원자들에게 한 반을 가르치도록 요구했다. 철저하게 준비하였으며, 뛰어난 자질을 갖춘 그 모든 사람들 중에서 단 한 사람도 자원하는 사람은 없었다.

그들은 마비되어 있었다. 나는 그들에게 피해 나가야 하는 것과, 따라가야 할 원칙과 해야 할 것과 하지 말아야 할 것을 그렇게 많이 가르쳤음에도 불구하고, 그들은 그들 자신이 교실에서 잘 해 나가는 것을 상상조차 할 수 없었다. 내가 그들에게 가르치면 가르칠수록, 그 수업은 더 거칠어졌다.

그 이래로, 내가 가지고 있는 정보를 좀 더 줄이는 것뿐 아니라, 그들이 교실 현장 훈련을 마치기 전에 간헐적으로 교사를 돕는 것을 포함시켜야 함을 알게 되었다.

기술을 가르침

교사들에게 지식의 기초를 닦아주는 것은 중요하지만, 그것만으로는 충분하지 못하다. 내가 달라스(Dallas) 근교에 있는 어느 교회에서 기독교 교육 책임자로 있는 동안에, 한 교사가 내 사무실을 찾아와서는 커리큘럼을 책상 위에 던지면서 말하기를, "에이, 다 끝났어"라고 하였다.

"그게 무슨 말이야?" 하고 나는 물었다.

"저는 교사는 그만 두겠어요."

"왜?"

"목사님께서 요즈음 저희 반 근처에 계셔 보셨죠? 소음 공해. 어린이들은 벽을 타고 기어 올라가죠. 저는 더 이상 용납할 수가 없어요."

이 사람은 콤파스의 뾰족한 끝만큼이나 예리한 엔지니어였다. 하지만 분명한 것은, 그는 오학년 학생들을 어떻게 가르치는지에 대해서는 모르고 있다는 것이었다. 그래서 나는 그에게 "음, 아마도 우리가 자네에게 반을 잘못 맡겼나 보군, 다른 학년에서 가르쳐 보는 것이 어떻겠나?"라고 말했다.

그는 너무 낙심해 있었기 때문에, 예스라고 말할 수 없었다. 하지만 몇 주 후에 나를 찾아와 물어보기를, "목사님께서 말씀하셨던 다른 가르치는 일은 어떤 게 있나요?" 하였다.

"우리는 대학생들을 위한 반을 시작하고 있네. 그리고 지금 교사가 없어." 몇 주 동안 생각하고 기도해 본 후에, 그는 그 그룹을 가르치는 데 동의했다. 그리고는 금새 성공을 거두었다. 그는 일상적인 어휘를 사용할 수 있었고, 적극적인 성향의 마음을 선용할 수 있었다. 비평적인 사색가들로부터 공격을 받고, 그의 최대의 약점에까지 이르면, 그는 생기가 돌았다. 그는 다시 가르치는 것을 즐기게 되었다. 그리고 대학생들이 그의 가르치는 것을 좋아하는 것을 내가 알았을 때, 그것은 그리 놀라운 일이 아니었다.

이 사람이 지식이 부족했는가? 아니다. 그는 가르치는 데 은사와 소명을 받았는가? 물론이다. 하지만 그는 어린아이들을 훈련시키고 가르치는 기술이 없었다. 단지 그의 문제를 교정하기 위해서는, 필요한 기술들을 그에게 가르쳐 주는 것이나, 그가 가르치는 기술을 이미 가지고 있는 반으로 그를 옮겨 주는 것이 중요하다.

요점 : 기술이 없으면, 교사들은 효과적으로 가르칠 수 없다. 특별히 전달하는 능력에 있어서는 더욱 그렇다. 기술은 자신감의 버팀목이며, 교실의 효율성을 높이는 열쇠이다. 기술은 잘 해낸 일에 즐거움을 가져다 준다. 무엇보다도, 기술이 있는 교사는 열정적인 교사이다.

대부분의 교사들은 커리큘럼에 의해 지도를 받겠지만, 그들이 어떻게 수업을 구성하며, 어떻게 예화를 들어 이야기를 하며, 어떻게 논리적으로 하며, 또 어떻게 좋은 방법으로 메시지를 전해야 할지를 그들이 알기를 나는 원한다. 그것은 마치 요리학에 대해서 잘 아는 주방장이 요리법에 관한 책을 가장 잘 골라낼 수 있는 것처럼, 기술을 가진 주일 학교 교사만이 그 커리큘럼을 가장 효과적으로 활용할 수 있다.

기술을 가르치는 가장 좋은 방법은 무엇인가? 나는 IBM 직원을 훈련시키는 일을 지휘하는 사람과 이야기하면서, 그에게 이렇게 물어보았다. "누가 가장 훈련을 잘 시킵니까? 경영인입니까? 군인입니까? 이것은 당신들의 전문 분야 아닙니까? 그 일을 누가 잘 해낸다고 당신은 생각하십니까?"

"사교 종파에 속한 사람들이 가장 훈련을 잘 시킵니다." 그는 말했다. "그들은 사람들을 보낼 때 둘씩 짝지어 보냅니다. 그 중 한 사람은 언제나 다른 사람을 가르치는 사람입니다. 일단 피훈련자가 자기 스스로 할 수 있을 때까지, 그들은 다음과 같이 말한다고 합니다. '이제, 당신은 지금까지의 모든 것들 중에서 가장 훌륭한 배움을 경험하기

직전에 있습니다. 우리가 당신에게 가르쳤던 것을 가지고, 당신이 그 것을 다른 사람에게 가르치는 것입니다.'"

물론, 가르치는 것은 사교 종파의 창작물이 아니다. 그것은 예수 그리스도께서 우리에게 주신 모델이며, 우리가 그것을 효과적으로 사용해야 하는 것이 현명한 일이다. 여기에, 주일 학교 교사들을 가르 치는 데 도움을 주었던 것이 몇 가지 있다.

• **씨를 일찍 심어라.** 교사 훈련 과정 초기에, 나는 말하기를, 내가 원하는 것은 결국에는 그들이 그들 자신을 재생산하는 것이며, 다른 사람들을 가르치는 데 이르게 하는 것임을 말한다. 본래, 처음 가르치 기 시작하는 교사는 훌륭한 교사가 되는 데 준비가 아직 되어 있지 않 다. 하지만 내가 그 목표를 일찍 말했을 때, 그들이 잘 가르칠 수 있도 록 도움을 줄 수 있는 것은 무엇이며, 훗날 그들이 어떻게 해야 또 다 른 사람이 잘 가르칠 수 있도록 도울 수 있는지에 대해서 생각하기 시 작한다.

• **가르치는 것을 서로 격려하라.** 나는 교사들이 자신들을 한 팀으 로 생각해서, 모두가 그 속에서 함께 일하고 있으며, 교사가 교사들을 도우며, 더 큰 효과를 본 게 있다면 서로서로 가르쳐주는 사람들이 되 기를 원한다. 비록 공식적으로는 내가 어떤 사람들이 교사가 되게 한 다 할지라도, 사람들이 자기 자신뿐만 아니라, 다른 사람들의 성장까 지도 책임을 지는 자로서 자신을 생각하도록 배우기를 원한다. 결국, 그것이 훌륭한 가르침의 핵심이다.

• **가장 훌륭한 교사를 훈련자로 사용하라.** 훌륭한 교사는 좋든 나

쁘든 간에, 그들과 같은 사람을 재생산할 것이다. 심지어 나에게 훌륭한 교사가 단 한 명밖에 없다 할지라도, 나는 그 하나의 전망 있는 주식을 가지고, 그것을 증대시키려고 애를 쓸 것이다.

나는 또한 공립학교 교사들을 교회학교 교사로 두고, 잘 활용해 왔다. 심지어는 비록 장기간 동안 가르치는 일은 힘이 든다 하더라도, 특별히 다른 사람들에게 모범적인 교사로서, 그 일을 맡아 주기를 요구한다면, 많은 사람들이 짧은 기간 동안 가르치는 것에는 동의할 것이다. 그들은 자신의 전문적인 기술을 인정받고 있다고 느낄 뿐만 아니라, 교회의 가르치는 사역의 수준을 향상시킬 수 있다.

• 개인이 적극적으로 참여하는 것을 포함시켜 서로 엇갈리게 배열하라. 가능하기만 하다면, 나는 정규적인 교사 훈련 과정을 교실에서의 실제적인 경험과 교착(交錯)하려고 애썼다. 한 주는 장래 교사들을 훈련시키기 위해 불러 모으고, 그 다음 주는 그들을 각 교실로 흩어서, 훈련받고 경험이 많은 교사들을 관찰하고, 수업 시간에 그들을 도우며, 아마도 한 과 정도는 가르쳐 보게 할 수 있을 것이다. 이것은 사람들에게 자신을 줄 수 있을 뿐만 아니라, 훈련 과정 동안 그들이 더욱 열심히 배우는 학습자가 되게 한다.

• 훌륭한 교사를 인정해주고, 존경하라. 어떤 사람들은 오직 목회자나 기독교 교육 부장님으로부터 잘 가르친다는 것을 듣기를 원할지도 모른다. 하지만 내가 그 부서에 있는 훌륭한 교사들을 규칙적으로 인정해주고 존경한다면, 교사들은 그들 때문에, 더욱 잘 가르치려고 할 것이다. 그래서 나는 훈련 기간 중이나, 좌담회에서 언급을 할

때에, 칭찬하는 것을 아끼지 않는다. "존은 아주 훌륭한 교사입니다. 그가 가르치는 것을 보는 것만으로도 행운이라고 할 수 있는데, 누구라도 그에게서 무엇인가 배우려고 할 것입니다." 그리고 "제니퍼는 내가 아는 한 가장 훌륭하게 수업 계획안을 짜는 사람 중의 하나입니다."

열정에 불을 붙임

얼마 전에, 내가 콜로라도(Colorado)에 있는 공군사관학교를 방문했을 때, 수학과 학과장과 이야기를 나누었다. 그리고는 공군이 교수 재직에 관한 독특한 정책을 가지고 있음을 알았다.

그는 말하기를 "우리는 공군사관학교에서 한 사람이 오년 이상 가르치는 것을 허용하지 않습니다. 그 후에, 그 교수는 반드시 현역 군인으로 돌아가야 합니다."

"그것은 왜 그렇습니까?" 나는 물어보았다.

"우리는 스스로를 전염시키는 기관으로 생각합니다. 남자들과 여자들에게 군대에 대한 열정을 전염시키기를 원합니다. 우리가 알게 된 것은, 오년 이상 현역 군무를 하지 않는 교수는 더 이상 전염력이 없기 때문입니다."

그 군대와 같이, 교회는 교사들이 단지 지식이나 기술뿐만 아니라, 또한 열정도 나누어주는 사람을 원한다. 열정이 없으면, 가르침에 대한 생명력이 없고, 추진력도 없으며, 생기를 불어 넣어 주는 에너지도 없다. 그리고 가르쳐진 메시지에도 전염성이 없어진다. 교사들은 효과적으로 가르치기 위해서 더욱 더 많은 지식과 기술이 필요하다. 그들은 가르치기를 원해야 한다.

열정은 교사가 가질 수 있는 가장 중요한 특성이다. 가르침에 대한 그러한 굶주림은 그들이 어떠한 방식을 통해서든, 어떠한 값을 치르든 채울 것이다. 그래서 열정은 사람의 마음을 끄는, 그리고 매력적인 가르침을 줄 것이다. 우리 교회에 있는, 우리가 알고 있는 것보다 훨씬 더 많은 회중들이 가르침에 대한 잠재적인 열정을 가지고 있다는 것이야말로 정말 복음이다.

공군사관학교는 그러한 열정에 불을 붙이는 법을 알고 있다. 가르침이 가져오는 차이점을 이해한다. 그것이 바로 그들이 교수들을 현역 복무로 되돌려 보내는 이유이다.

그와 같이, 교사들은 그들의 가르침이 어떻게 삶을 변화시키며, 마음을 새롭게 하며, 제자를 만드는지를 볼 수 있을 때에, 그들은 종종 무감동적인 자원자에서 선동적인 훌륭한 교사로 변화된다.

그러면 나는 어떻게 하면, 가르침이 만들어 내는 차이점을 그들이 알 수 있도록 도울 수 있겠는가?

첫째로, 나는 사람들이 성경이 변화시키는 능력이 있음을 살아 있는 증거를 통해 보게 한다.

교회 예배, 주보, 사역자들의 공로를 인정하는 축하모임 등에서, 나는 사람들이 수업을 참석하여 성경대로 실천함으로써, 그들의 삶이 어떻게 변화되어졌는지를 보고하게 한다. 개인적인 간증은 오늘날의 비유이며, 비전을 주는 방법들 중에서 가장 오래되고 효과적인 것 중의 하나이다.

둘째로, 나는 교사들에게 연단 위에 설 기회를 준다.

그래서 그들은 어떠한 가르침이 그들에게 의미가 있었는지를 다른 사람들에게 말할 수 있다. 우리 교회에서는 정기적으로 교사가 안(案)을 제출한다. 우리는 단지 이렇게 요구한다. "선생님의 반에서는 무엇이 진행되고 있는지를 말씀해 주십시오." 한 번씩, 이 교사들이 제출한 어떤 안은 열기를 더하여, 그들은 도저히 멈출 수가 없다. 그리고는 그들은 종종 이렇게 말함으로써 결론지을 것이다. "만약 당신이 이 주제를 다룰 때 그 곳에 없다면, 솔직히 말해서 당신은 이 곳에 부어지고 있는 가장 큰 축복을 놓치고 있는 것이다."

셋째로, 나는 이미 열정을 가지고 있는 교사들 밑에 피훈련자를 둔다.

죽어 있는 암탉에게 살아 있는 달걀을 결코 품게 하지는 않는다. 열정은 가르쳐지는 것이 아니라, 영향을 받는 것이다.

넷째로, 나는 현장 사역에 피훈련자를 포함시킨다.

사역과 분리된 환경에서 가르치는 것을 학습하게 하는 것은, 결국에는 열정을 소멸시켜 버린다. 열정은 개인적인 경험이라는 토양 속에 뿌리를 박는다. 그 곳에서 교사는 개인적이고 밀접한 필요들을 볼 수 있고, 바로 그들의 눈 앞에서 변화되어지는 삶을 볼 수 있다.

얼마 전에, 나는 어느 평신도에게 목회 사역 여행에 나와 함께 동행해 줄 수 있는지를 물어보았다. 그가 단지 방관자로 있어서는 안 될 것 같아서, 스스로 성경 공부를 할 수 있는 방법을 배운 결과, 그의 삶에서 하나님께서 하셨던 일이 무엇인지 모임에서 이야기를 나누도록 요청했다. 그는 매우 기뻐했다. 집으로 돌아오는 길에, 그는 나에게 조심스럽게 요청했다. "언젠가 제가 그것을 다시 하는 것은, 어떻겠습니까?"

자료를 극대화시킴

다른 자료들을 끌어오지 않고서는 어느 누구도 교사들을 효과적으로 훈련시킬 수 없다. 가끔씩 소홀히 여겨지지만, 내가 보기에 유용한 것들이 여기 몇 가지 있다.

• **올바르게 선발하는 것**. 효과적인 훈련은 올바르게 선발하는 것과 함께 시작한다. 선발 단계에 있어서, 우리는 몇 가지 접근법은 피할 필요가 있다. (1) "자원하는 사람을 도저히 구할 수가 없습니다. 그래서 말인데요, 당신이 해보시는 것이 어떻겠습니까?" (2) 가르친다는 것은 헌신이나 노력과 같은 것을 조금밖에 요구하지 않는다고 암시하는 것. (3) 교회에 호의를 베푸는 마음으로 가르치도록 요청하는 것. 이러한 것들은 교사 훈련 출발부터가 잘못된 것이다.

그 대신에, 좋은 선발이란, 가르치는 사역에 대한 고상한 비전을 전하는 것이다. 그것은 자원자들에게, 교사란 영원한 훈련 과정 속에 있으며, 예술가와 같고, 언제나 성장하는 사람이며, 그/그녀의 잠재적이며, 실험적이며, 세밀하게 조정된 기술의 새로운 영역을 개척하는 것이라는 사실을 분명하게 해준다. 원래, 그것은 훈련받는 데 준비가 되어 있고, 열심인 사람의 전형이다.

• **협의회와 세미나.** 교사들을 세미나에 데리고 가는 것은 그들의 비전을 넓혀 주고, 그 밖의 다른 어떤 곳보다 나은 기술을 준다. 사실, 협의회는 내가 할 수 없는 것들을 할 수 있다.

텍사스(Texas) 주의 포트 워쓰(Fort Worth)에서 목회할 때에, 한 번은 협의회에 교사들을 차로 데리고 갔다. 우리 교회 주일 학교를 향상시키기 위한 대부분의 방법에 대해서 우리는 그 차 안에서 이야기했다. 하지만 대부분의 생각들에 대해서 주일 학교 부장은, "그것 좋은 생각인데요. 하지만 텍사스에서 그게 잘 될까요?"라고 대답하곤 했다.

협의회에 그 주일 학교 부장은 참석했는데, 마침 그가 들어간 과목은, 우리가 차 속에서 논의하고 있었던 바로 그 생각들을 주장하는 어매릴로(Amarillo)에서 온 어떤 강사가 가르치는 과목이었다. 돌아오는 길에, 차 안에서 부장은 주일학교를 위할 그의 "새로운 생각들"을 우리에게 열정적으로 말하는 데 대부분의 시간을 보냈다!

• **보호용 자루 속에서의 훈련(Cocoon training).** 오늘날과 같이, 누에고치처럼 보호용 자루 속에 사는 문화에서는, 사람들이 저녁이나 주말 훈련에 참석하기 위해서, 그들 집 밖으로 나오는 것은 거의 불가

능함을 알았다. 하지만 우리는 또한 오디오 테이프와 비디오 테이프 그리고 인쇄물의 시대 속에서 살고 있다. 그러한 자료들은 교사들이 개인적으로 듣고, 보고, 읽는 것이 가능하게 한다.

어느 외과 의사가 나의 야고보서를 녹화한 오디오 테이프를 입수해서 듣고는, 나중에 나에게 말하기를, "헨드릭스 목사님, 저는 그 테이프를 약 스무 번 정도 들었는데요. 이제는 목사님께서 말씀하시고 계신 것에 대해 이해하기 시작했습니다"라고 하였다. 나는 이 사람을 내 강의에 스무 번 씩이나 참석시킬 수 있는 방법은 도저히 없다. 하지만 그가 개인적으로 쓰기 위해서 그것들을 준비해 놓았을 때, 그 자료를 듣고, 열중할 수 있는 시간을 발견할 수 있게 된 것이었다.

많은 어머니들은 자신의 애들이 자러 간 후에 사용할 수 있는 자료가 필요하다. 어떤 사람들은 읽음으로써, 어떤 이는 들음으로써, 또 어떤 사람은 비디오 테이프를 보고 들음으로써, 배우기를 더 좋아한다. 우리가 얻을 수 있는 자료가 다양하면 다양할수록, 우리 교사들의 마음으로 들어갈 수 있는 열려져 있는 문을 잘 찾을 수 있을 것 같다.

• **커리큘럼.** 사람들이 종종 간과하기 쉬운 훈련 자료는, 바로 커리큘럼이다. 좋은 교사훈련 안내서는 각각의 이슈에 교사훈련 과정을 포함시킨 것이다. 그것은 마치 대가를 관찰하고 모방함으로써 화법과 필치를 배운 유망한 예술가처럼, 교사들이 이 자료를 주목하도록 상기시킨다. 또, 어떻게 그 과목을 정리하고 전개해 나가야 하는지, 교사들 스스로 그 과목의 다양한 요소에 주목하도록 일깨운다.

내 아들이 하버드(Harvard University)를 졸업할 때, 나는 그에게 물었다. "빌, 훌륭한 선생님들을 얼마나 많이 만났니?"

그는 한 동안 생각하더니, 대답했다. "한 가지 분명한 것은, 아마, 두 명쯤 될 것 같아요. 비록 저는 세계적으로 이름난 학자들 밑에서 공부했지만, 가르치는 기술에 이르렀을 때에는, 정작 그들은 사라져 버리고 없음을 느꼈어요."

미국에서 한층 높은 교육을 시킨다는 대표적인 모범인 하버드에서, 나의 아들이 교수들에게서 발견한 것은, 연구에 있어서는 면도날처럼 예리할 수 있고, 학위에 학위를 쌓아올릴 수는 있지만, 그 지식을 학생들에게 전달하는 능력에 있어서는 결핍되어 있다는 것이었다.

만약 하버드가 그들의 교수들이 잘 가르칠 수 있음을 당연한 일로 생각할 수 없다면, 하물며 교회는 어떻겠는가? 올바른 훈련은 우리가 신용할 수 없는 교사를 생산해내는 것을 방지해 줄 뿐만 아니라, 교사들이 효과적으로 복음을 전할 수 있도록 도와준다.

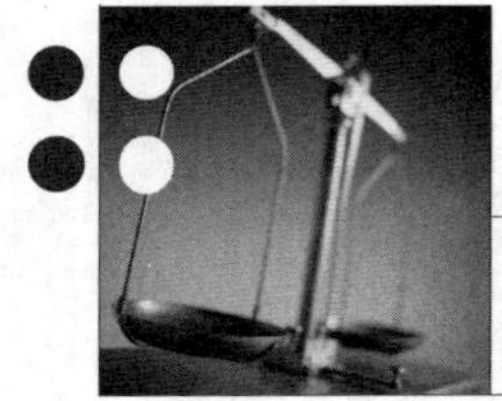

요점 정리와 더 생각해야 할 Point

1. 교사들을 훈련시키는 데 요구되는 것은 무엇인가?

1) 배우게끔 하라

2) 데이타 베이스를 구축

3) 기술을 가르침

4) 열정에 불을 붙임

5) 자료를 극대화시킴 (올바르게 선발 / 협의회와 세미나 / 자투리 시간 활용의 훈련 / 커리큘럼)

2. 당신이 주일학교 교사들을 가르치는 데 효과적인 것이 있었다면 무엇인가?

1) 씨를 일찍 심어라.

2) 가르치는 것을 서로 격려하라.

3) 가장 훌륭한 교사를 훈련자로 사용하라.

4) 개인이 적극적으로 참여하는 것을 포함시켜 서로 엇갈리게 배열하라.

5) 훌륭한 교사를 인정해 주고 존경하라.

제 12 장

조언하는 것(Mentoring)

나는 젊었을 때, 어떤 위대한 설교를 들었던 것을 기억한다. 그래서 프린스턴 신학교(Princeton Semirary)의 아주 훌륭한 강의에 참석하지도 않고, 그 집회에 참석했었는데, 그것은 나에게 깊은 감동을 주었다. 하지만 내가 그리스도인으로서 생활하는 데 가장 중요한 영향을 주었던 것은, 바로 학교에서 나를 가르쳤던 개인으로서의 사람들에 의해서였다.

대학 시절의 목사님이었던, 밥 덩어(Bob Munger)는 나의 이야기를 주의 깊게 들어주는 데 많은 시간을 허락했다. 신학교에서 같은 반이었던 린 볼릭(Lynn Bolick)은 내가 가지고 있는 개념들에 대해서 심사숙고 할 수 있도록 도와주었다. 데일 브루너(Dale Brunner)는, 우리가 함께 마닐라에 있는 기독교 기관을 섬기는 일이 있었을 때에, 아주 크게 격려해 주었다.

누군가가 그의 대부분의 시간을 어느 교회에서 설교하고, 가르치며, 행정을 관리하는 데에 보내고 있을 때에, 나는 회중을 대상으로 하는 그러한 사역의 가치를 안다. 그러나 그것과 동시에, 만약 다른 사람들이 나에게 현명하고 성실한 조언자(Mentor)가 되었던 것처럼, 나도 사람들에게 현명하고 성실한 조언자가 되려고 애쓰지 않는다면, 나에게 있어서 목회란 무의미한 것이 될 것이다. 왜냐하면 가장 크게 영향을 크게 줄 수 있는 것은, 바로 일대일로 가르치는 관계이기 때문이다.

조언하는 것에 있어서 문제는, 우리가 정규적인 훈련을 많이 받는 데 있는 것이 아니다. 예배를 인도하는 것, 좋다. 설교하고 가르치는 것, 역시 좋다. 행정과 목회 상담, 물론이다. 하지만 조언하는 데 있어서는 다른 것들이 도움을 줄 수 있는가? 꼭 그럴 것 같지는 않다.

다른 사람들이 나에게 어떻게 조언(助言)해 왔는지, 그리고 그와 마찬가지로, 나는 조언하는 나의 역할을 얼마나 잘 감당해 왔는지에 대해서 나는 오랫동안 깊이 생각해 왔다. 그래서 결국 이렇게 결론지었다. 조언하는 것이란, 교사, 선지자, 제사장이라는 목회자의 공적 역할과는 다른, 동전의 또 한쪽 면이다. 현명하고 성실한 조언자는 그 조언을 받은 사람이 진리를 발견하며, 그리스도의 길을 따르며, 하나님의 위로하심을 알게 한다.

그래서 현명하고 성실하게 조언하는 자로서의 나의 역할을 통해서 개개인들에게 도움을 주는 몇 가지 방법이 여기 있다.

진리를 발견함

어떤 그리스도인들은 자신들이 가지고 있는 생각에 대해서 결코 자신감을 갖고 있지 못하다. 그들은 어떤 능력 있는 사람이나, 활동적인 지도자와 너무 밀접하게 매여 있기 때문에, 그들 고유의 생활을 계속해 나갈 수 없다. 그들은 진리를 전해주고, 분명하게 해주는 그러한 유능한 교사가 항상 필요하다고 느끼고 있기 때문에, 속아 넘어가기가 쉽다. 사실, 그들이 그들 스스로 일어설 수 있도록 충분한 자신감을 줄 수 있는 사람은 아무도 없다.

교사를 가리키는 히브리어 단어로 '모라(morah)'가 있는데, 그들이 가르치는 방법에 대해서 우리가 깨달아야 할 것이 있다. 그 단어는 "길(the way)"을 의미하는, 토라(torah)와 같은 어근에서 나왔다. '모라'는 길을 지적하여 알려줌으로써 가르치는 사람을 말한다. 조언자(mentor)가 바로 그러한 교사의 유형과 같다 : 학생들과 함께 그 길을 걷다가 멈추고는 그 길의 나머지 부분은 지적하여 알려주는 사람. 나는 이렇게 말한다. "당신은 여기서부터는 그것을 알 수 있을 것입니다. 이제 당신 스스로 그 나머지 부분을 가십시오."

모든 교사들과 조언자들은 적어도 그렇게 해야 된다. 하지만 조언자로서 나는 한 걸음 더 나가기를 원한다. 즉, 조언을 받는 사람으로부터 배우기를 원하는 것이다. 그렇게 될 때만이 정말로 내가 조언하고 있다는 것을 알게 된다. 왜냐하면 그 때가 그 사람에게 있어서 정말로 그/그녀의 생각이 발전하고 있는 때이기 때문이다.

조언을 받는 사람으로부터 배우기 위하여, 나는 적어도 세 가지를 해야 한다.

• **가르치는 것을 멈추라**. 내가 어떤 개인과 함께 있을 때에는, 성경이나 신학에 대한 소식을 나누는 것에 조심해야 한다. 목회자로서 나는 내가 조언을 받는 사람보다는 그러한 것들에 대해서 언제나 더 많이 알고 있다. 특히, 그들이 내가 알고 있는 어떤 것에 대해서 질문을 할 때에, 나는 내가 최근 저널에서 읽었던 글이나 성경 주석에서 보았던 것들을 말하려고 하는 실수를 범하기 쉽다.

비록 가끔씩 사람들에게 솔직한 대답이 적절할 때도 있지만, 대부분의 경우, 사람들에게 저널이나 주석을 소개하고는, 그것을 요약해 주면서, 이렇게 말한다. "만약 당신이 정말로 그것에 관심이 있다면, 왜 그것을 읽지 않습니까? 저는 그것이 유용하다는 것을 알았습니다. 제 생각에는 당신에게도 역시 그럴 것입니다."

• **들으라**. 내가 밥 멍어(Bob Munger) 목사님과 함께 여름을 보냈을 때, 그는 그 당시 버클리(Berkeley)에 있는 제일장로교회의 목회자였으며, 나는 신학교에서 두 학기를 막 마쳤을 때였다. 신학교를 겨우 일 년 밖에 경험하지 못했기에, 나의 대화는 정말 미숙했다. 그러나

놀랍게도 밥은, 이 어린 신학생이 제공하는 미천한 위트와 지혜를 들으면서 즐기는 듯 했다. 실제로 그는 내가 말하는 것을 주의 깊게 들었다. 그는 나에게서 배우기를 원한다는 것을 내가 느끼도록 만들었다!

그리고 그것이 바로 밥 멍어가 나의 조언자가 되는 방법이었다. 그는 내가 나 자신의 생각들을 목소리를 내어 말하도록 격려했다. 그의 말과 태도가 나에게 생명력 있는 메시지를 보냈기 때문에, 그는 내가 발전하는 데 도움을 주었다. "나는 당신이 말하는 것을 존중합니다. 나는 당신의 생각에 흥미를 가지고 있습니다. 나는 당신을 통해서 배울 수 있습니다."

• **서로 차이가 나는 의견을 격려하라.** 가장 유능한 조언자들은 그들이 조언을 받는 사람들에게 편안하게 해주면서, 활기차게 의견 교환을 하는 사람들이다. 나는 스푼으로 정보를 떠 먹일 수는 없다. 그리고 그렇게 하면, 좋은 조언자가 될 수 없다. 내가 말하고자 하는 것에 대해, 자신의 의견을 주장하면서 협상을 벌이는 자유를 다른 사람에게 허용할 만큼 충분히 융통성이 있을 때에, 훌륭한 조언자가 되는 것이다.

내가 신학교에 다닐 때, 첫 번 룸메이트였던 린 볼릭(Lynn Bolick)은 나보다 나이가 더 많은 졸업반 학생이었다. 우리는 신학적인 토론을 서로 나누었고, 의견의 차이를 서로 공유했다. 그러나 그는 결코 우리의 토론을 덮어 버리지 않았으며, 그가 많은 교육을 받았음에 의존하여, 내가 가지고 있던 생각들에 핀잔을 주어 입을 막아 버리려고 하지 않았다. 그는 우리가 함께 논쟁하는 것을 즐기고 있었고, 내가 나 자신을 표현할 수 있는 공간을 주었다. 그러한 과정은 내가 나 자신의 사상들을 뚜렷하게 하는 데 도움을 주었다. 그리고 그것은 중대한 문제들과 씨름할 수 있는 자신감을 북돋워 주었다.

그래서 나에게서 조언을 받는 사람이 내가 말하는 것에 대하여 의문을 가지도록 격려한다. 나는 어떤 것에 대한 나의 의견을 말한 후에, 이렇게 말할 것이다. "당신은 스스로 이 문제를 분별해야 할 것입니다. 그리고 그게 바로 제가 그것을 식별하는 방법입니다." 심지어 나는 내가 방금 말했던 것에서도 그들이 문제점을 바라보도록 요구할 것이다.

의견을 교환하도록 격려하는 데 있어서 가장 중요한 것은, 사람들이 동의하지 않을 때, 변호하려고 하지 않는 것이다. 나는 내가 말했던 것을 변호하려고 서두르지 않아야 한다. 하지만 그 대신에, 나는 그 대답에 대하여 주의 깊게 듣고, 또 그 사람이 말하고 있는 것으로부터 배우려고 노력해야 한다.

이런 식으로, 나에게서 조언을 받는 사람들은 그들에게 말씀하시는 하나님의 말씀을 그들 스스로 발견하고 이해하는 데에 자신감을 얻게 된다. 그들이 보는 것은, 내가 가르치는 것이 아니라, 듣는 것이며, 내가 단지 듣고만 있는 것이 아니라, 그들로부터 배우고자 하는 것이다. 또한 그들이 보는 것은, 그들 자신이 제안할 어떤 중요한 것을 가지고 있다는 사실이다.

하나님의 뜻을 분별함

우리의 선지자적인 사역에서, 목회자는 사람들이 신앙을 지키며, 선한 싸움을 싸우도록 격려할 필요가 있다. 그리고 종종 그것은 회중들에게 강력한 하나님의 말씀을 주는 것을 의미한다.

조언자가 강조하는 부분인, 예언의 또 다른 측면은 격려자가 되는 것이다. 그 목표는 똑같이 그리스도인의 생활 모습으로 신실하게 살게 하는 것이지만, 그 방법은 다르다. 그것은 곧 격려와 긍정과 칭찬이다.

• **규칙적으로 격려하라.** 최근에 내가 가르쳤던 어느 젊은 변호사가 고린도전서 15장에 대한 레포트를 썼다. 어쨌든 그는 내 강의를 단지 건성으로 되풀이하지는 않았다. 오히려 내가 가르쳤던 것을 훨씬 넘어서서 스스로가 연구하여 그 자신의 비약적인 발전을 만들어서 내어놓았다. 그는 우리가 수업에서 논의하지 않았던 이슈들까지도 씨름했다. 그리고는 나름대로의 결론을 감히 끌어내었다. 나는 그의 글을 읽으면서 내가 지금 이 학생에게서 배우고 있다는 생각을 했다. 그래서 그의 레포트에 점수와 함께, 그의 생각들이 나에게 도움이 되었노라고 쓴 쪽지를 첨부했다.

그 후, 가끔씩 그는 나에게 말하기를, 그 작은 쪽지가 그 자신의 생각을 정리하며, 결론을 끌어내는 데 자신감을 북돋워 주었다고 하였다. 나는 그의 사고가 건전하며 그의 생각들은 나에게 흥미를 불러 일으키며, 도움이 된다고 확신시켜 주었었다. 그래서 그는 가르칠 수 있다는 자신감을 가지기 시작했다.

나는 그러한 영향을 주기 위해서 어떤 쪽지에 대한 계획을 일부러 세우지는 않았다. 하지만 내가 규칙적으로 격려할 때, 내가 쓴 쪽지와 말들은 영향을 주게 될 것이다.

• **신뢰를 구축하라.** 사람들은 자신이 가장 소중하게 여기는 것에 대해서는 쉽게 상처를 받는다. 그래서 시인들은 시를 따분하게 여기는 사람과 자신의 시를 나누려고 하지 않는다. 또한 음악가들도 자신의 음악세계에 관심을 가지지 않는 사람에게 자기 작품을 연주하는 것을 좋아하지 않는다.

그래서 나는 그 사람에게 있어서 소중한 것을 나와 함께 나눌 때만이, 또 다른 것들을 격려할 수 있다. 그것은 내가 신뢰구축이라는 더디게 진행되는 일에 개입해야만 함을 의미한다. 그리고 그것은 사람들이 나와 함께 나누고자 하는 것에 관심을 가지고 듣는 것과 그리고 그들이 말하고 행동하는 것을 긍정적으로 확증해주는 것을 포함한다.

점차적으로, 나에게서 조언을 받는 그 사람은 더 깊은 생각을 서로 나누고자 할 것이며, 더욱 흥미진진한 자신의 비전에 대해서도 이야기 할 것이다. 그리고 그것은 나의 격려가 정말로 가치가 있을 때에라야 가능하다

• **제한된 인정(limited affirmation)을 하지 말라.** 나는 받아야 할 개인적인 격려를 받지 못한 것 때문에, 낙심한 사람들을 많이 만난다. "예, 그것은 충분히 옳습니다. 하지만 당신은 이것은 잊어버리셨습니

다.” 어떤 사람들은 리더들이 항상 그들 자신을 교정시켜 주고, 그들에게 다음과 같은 말을 해주는 분위기 속에서 쭉 있었다. “당신은 그것은 잘 했습니다. 하지만 이러한 영역은 개선할 필요가 있겠습니다.”

그 대신에, 나는 “하지만(buts)”이 없는, 어떤 말을 부가적으로 첨가시키지 않은, 단순하고 직접적인 말로 인정해 준다. 나는 이렇게 말할 것이다. “당신도 아시겠지만, 이것에 대해서는 아주 좋은 생각을 하고 계십니다.” 마침표를 찍어라! 나는 사람들이 바르게 하고 있는 것을 꾸밈없이 인정해 준다. 내가 조언하는 사람들은 그리스도와 함께 동행하는 일에 진지하기 때문에, 더부분의 경우에 있어서, 결국에는 그들이 부족한 부분을 알아차리게 될 것이다. 그러는 동안, 나는 그들이 부족한 부분을 바라보게 될 때, 그것에 대해서 또 무엇인가를 해낼 수 있을 것이라는 자신감을 그들에게 주고 있는 것이다.

나는 이러한 예언자적인 조언하는 것을 ‘동의의 사역(the ministry of agreement)’ 이라고 부른다. ‘동의하다’ 에 해당하는 그리스 단어는 ‘호몰로기아’, 즉 “같은 단어를 말하는 것” 이다. 내가 어떤 사람에게 동의할 때에는, 단 한 글자라도 덧붙일 필요를 느끼지 않는다 – 나는 단지 “같은 단어”를 말할 뿐이다. 나는 그들이 잘 했던 것은 인정해 준다. 물론 이것은 내가 결코 고치지 않는다든지 문제를 제기하지 않는다는 것을 의미하지는 않는다. 그것이 의미하는 것은, 그 사람에 대한 새로운 위치를 분명히 인정해 주면서, 그가 발견했던 것을 존경한다는 것이다.

• **권리를 얻었을 때에만 조언하라.** 원래, 다른 모든 중요한 관계에서와 같이, 조언자가 그 사람을 조언하게 되는 때가 있다.

예를 들면, 나는 내가 아주 존경하는 어느 젊은이와 함께 일했던 적이 있다. 그는 엄청난 잠재력을 가지고 있었다. 하지만 그는 생활이라는 영역에 있어서는 비현실적이었다. 그는 결혼생활에 대해 재정적으로 부양해야 하는 책임을 지지 않았다. 그는 눈을 너무나 높은 곳에 고정시키고 있었기 때문에, 직장을 구해서 직장 생활을 하는 데에 어려움이 있었다. 그의 아내가 그와 가정을 부양하고 있었지만, 청구서는 나날이 쌓이고 있었다. 최근, 어느 달엔가 전화가 끊겼다.

몇 달 동안, 나는 하나님께서 그를 부르고 계신 방향을 분별하려고 노력하면서, 그를 격려해주고 있었다. 하지만 그 시점에서, 만약 내가 이 문제에 대하여 아무 말도 하지 않았더라면, 그가 파괴적인 양식으로 사는 것을 가능하게 하여, 나는 결국 그를 공동으로 부양하는 사람이 되었을지도 모른다. 그래서 나는 그가 직업을 구하는 것이 그에게 있어 필요한 일임을 볼 수 있도록 도와야만 했다. 가스를 넣는다든지, 레스토랑에서 점원으로 일한다든지, 마루를 청소하는 일이라든지, 그 어떤 것이라도 구해야만 했다. 그는 그 자신뿐만 아니라, 그의 아내와 가족을 위해서 지금 무엇인가를 해야 할 필요가 있었다.

하지만 나는 우리가 관계를 맺기 시작한 처음부터 그렇게 할 수 없었다. 그리고 아직까지 충분히 신뢰하지 않는, 조언을 받고 있는 다른 모든 사람들에게도 그렇게 할 수 없다. 하지만 지금 나는 이 사람의 친구로 한 동안 지냈기 때문에, 그리고 오직 격려를 통해서 이 시점까지 그를 올려 놓았기 때문에, 이제는 해야 할 일이라고 내가 생각하는 것을 그에게 말할 수 있는 권리를 얻게 되었다.

그러므로, 조언자는 격려를 제공하고, 때때로 방향을 제시하기 때문에, 조언을 받는 그 사람이 자신감을 가지고 그 스스로 앞으로 나올 수 있게 한다. 예를 들면, 의학에서 조언자의 목표는, 조언자가 그/그녀의 어깨 너머로 넘겨다 보아야 할 필요 없이, 혼자서 외과 수술을 할 수 있다는 담력과 독립성을 지닐 수 있도록 돕는 일이다. 기독교 조언에 있어서의 목표는 사람들이 그들 스스로 하나님의 뜻을 분별하고 따를 수 있도록 돕는 일이다.

하나님을 아는 것

제사장으로서, 목회자는 하나님과 사람들 사이에서 중재자의 역할을 한다. 적어도 그것은 내가 우리 교회 성도들을 위해서 하나님께 기도한다는 것 정도는 의미하고 있다. 또한 때때로 하나님의 용서하심을 우리 교회 사람들에게 선포하도록 부르심을 받았다는 것을 의미한다. 예를 들어서, 우리는 죄의 고백 뒤에 따라오는 사죄의 선포를 공적으로 한다. 또 다른 제사장적 기능으로는 성례의 집행이 있다.

하지만 조언자의 제사장적 기능은, 하나님과 피조언자 사이에 서는 것이 아니라, 피조언자가 그 스스로 하나님의 안위와 용서하심을 발견하도록 돕는 것이다.

제사장적인 조언자로서의 이러한 유형은, 또한 기도 모임에서도 일어난다. 지금까지 십 오년 동안, 나는 장로교 목사님들로 구성된 그룹 기도에 참석하고 있다. 우리는 소위 "후원해 주는 만남과 기도"라 부르는 모임에 한 달에 한 번씩 모인다. 우리는 서로의 필요에 대해서 이야기하고 나서, 서로를 위해 기도한다. 그러한 배경에서, 목회 동역자들의 중재를 통해서, 나는 자주 하나님의 은혜와 위로를 체험했다. 그러한 배경에서, 그들은 하나님의 위로를 선포함으로써가 아니라, 나와 함께 기도하여 내가 그것을 개인적으로 깨닫도록 함으로써, 나에게 제사장적인 조언자가 되어 왔다.

조언하는 과정을 시작함

조언하는 데 있어서 모든 상황은 하나밖에 없다. 하지만 내가 피조언자와 의미 있는 관계를 발전시켜 나가도록 돕는 것에는 몇 가지가 있다.

1. **만남을 만들라.** 내가 사람들과 접촉하지 않는 한, 조언자가 될 수 없다. 그래서 나는 고의로 소그룹의 구성원이 되어, 내가 조언해야 할 사람들을 만난다.

예를 들면, 나는 내 목회 사역 전체에 걸쳐, 매 봄과 가을에 특별한 신학적인 연구 그룹을 제공해 왔다. 육 주 동안, 나는 특정한 사람들에게 가깝게 접근할 수 있는 기회를 가진다. 심지어 어떤 때는 칠십 또는 팔십 명의 사람들이 올지라도, 여전히 그들 중 몇 사람만 알 수 있도록 그렇게 문을 열어 놓는다.

나는 또한 수요일 아침에 하는 남자들의 기도모임에 참석해 왔다. 십 구년 동안 거의 매주, 그 모임에 참석하는 사람들과 가깝게 지낼 수 있었다. 나는 또한 매년 버클리(Berkeley)에 있는 뉴 대학(New College)에서 수업을 가르쳐 왔다. 나는 그곳에서 사람들을 알게 되고, 그들의 레포트를 읽고, 우정을 형성하는 기회를 얻게 될 것이다. 내가 참석하는 묵상 시간이나, 심지어 주일 아침 설교하는 것도 사람들을 만나기 위한 문을 여는 것이다. 나는 그러한 만남들의 결과로, 특별히 약속을 하려고 한다거나, 나에게 와서 이야기를 하려고 노력하는 사람들을 유심히 관찰한다.

2. 관계를 서서히 세워가라. 당연히, 나는 유망한 지원자에게 이렇게 바로 말할 수는 없다. "나는 당신의 조언자입니다. 나는 당신이 어떻게 살아가야 할지에 대해서 도움을 주고자 합니다." 그 대신에, 사람들이 자신의 삶을 나와 함께 도야(陶冶)하는 것이 안전할 것이라는 것을 알도록 신호를 보내야만 한다는 것을 알게 되었다. 왜냐하면, 결국에는 그 사람이 바로 나를 조언자로서 신뢰해야 하는 사람이기 때문이다.

물론, 신호는 내가 위에서 언급한 것처럼 많은 것들이 있다. 나는 가르치는 것을 멈추고, 듣고, 그가 성장하고 있는 부분을 격려해야 한다. 그러한 신호들이 적절하게 반복해서 터질 때에, 내가 조언하려고 관심을 가지고 있는 사람은 자신의 생활에 대해서 내가 더욱 더 잘 볼 수 있도록 열기 시작한다.

그래서 하루는 조언자가 되지 못했다가, 또 그 다음 날에는 조언자가 되었다가 하는 문제가 아니다. 예를 들면, 나는 몇 년이 지난 후에, 밥 멍어와 함께 있었던 것을 회상해 보았을 때에야 비로소 밥 멍어가 나에게 있어서 조언자였음을 완전히 깨닫게 되었다. 대부분의 관계에서와 마찬가지로, 조언하는 것은 점진적으로 깊어져 가는 그 무엇이다.

3. 규칙적으로 체크인(check in)을 하라. 조언하는 것은 그리 흔하지 않은, 아주 깊은 관계이다. 나는 매주 만나야 할 사람들의 명단을 가지고 있지 않다. 조언하는 것은, 내가 사람들을 보게 될 때에 자연스럽게 일어나는 상호작용 그 이상의 것이다.

뿐만 아니라, 나는 계속 접촉을 유지하려고 노력해야 한다. 그래서 사람들이 어떻게 행동하고 있으며, 무엇을 생각하고 있는지를 나에게 말하도록 체크인을 할 기회를 주기를 원한다.

비록 가끔씩 어떤 사람과 약속을 한다 하더라도, 대부분의 경우에는, 수업이나 모임 후에 대화를 시작할 기회를 찾을 것이다. 그런 때, 나는 이렇게 물어본다. "당신 생각에는 당신이 지금 어디쯤 있다고 생각하십니까? 당신이 지금 하고 있는 과정에서 제가 무엇을 도울 수 있을까요?"

가끔씩, 나는 체크인을 하기 위하여 사람들을 만나는 기회를 만든다. 예를 들면, 나는 정규적으로 작문하는 시간을 가진다. 작가들과 시인들은 그들의 작품을 서로 서로 나눈다. 하지만 이 작품은 시간을, 모임이 시작할 때나, 끝날 때나, 심지어는 모임을 진행하는 동안에 가진다. 그러면 각 개인은 간략하게 그리고 약식으로 그들과 함께 진행되어 가는 것을 나에게 말해 준다.

4. 관계가 서서히 사라지게 하라. 조언하는 것은 치료하는 관계와 같지는 않다. 그것은 칠 주간 동안 계속되다가 끝나는 것이 아니다. 내가 생각하기로는, 그것은 가능하다면 인생의 남은 부분을 또 다른 존재와 함께 체크해 나가는 계속적이며, 고도로 융통성이 있는 관계이다.

그렇지만, 함축되어 있는 것에는 차이가 난다. 그리고 시간이 지날수록 그 아주 깊던 조언은 점차 불규칙하게 될 것이며, 만나는 횟수도 줄어들게 될 것이다. 만약 내가 아주 좋은 조언하는 관계를 가지고 있다면, 심지어는 몇 달 동안 그 사람을 보지 못했다 하더라도, 우리는 서로를 몇 분 안에 체크할 수 있다. 나는 재빨리 그 사람이 생각하고 있는 것과 자라고 있는 위치와 상처받은 부분을 알아낼 수 있다.

그래서 나는 조언하는 관계로 인혀 너무 많은 부담을 느끼게 되는 일은 결코 없을 것이다. 왜냐하면, 어떤 사람이 상대적으로 한동안 아주 깊은 관계에 있다 하더라도, 그들이 계속 그렇게 남아 있지는 않을 것이기 때문이다. 어떤 사람은 개인적인 관심을 상당히 많이 얻게 되지만, 다른 사람은 그렇지 못하기 때문에, 그 내용에는 굴곡이 있다.

만약 조언자의 역할을 가장 간단하게 단 한 마디로 줄여 보라고 한다면, 나는 조언자는 친구라고 말할 것이다. 많은 친구들이 나의 인생을 형성해 왔다. 비록 그들은 스스로를 나의 조언자라고 결코 생각하지 않는다 하더라도 말이다.

때때로 나의 친구들은 내가 진리를 발견하도록 도왔으며, 나를 격려해 주었고, 하나님의 은혜를 중재해 주었다. 그리고 항상 나의 친구들은 나를 존중해 주었고, 긍정해 주었다. 또한 그들이 그렇게 했기 때문에, 그들의 영향력은 나를 변화시켰고, 내가 다른 사람들에게 조언하며, 영향을 미치고 있는 지금에도, 나를 계속해서 도와주고 있다.

요점 정리와 더 생각해야 할 Point

1. 당신이 조언자(멘토)로서 개개인들에게 도움을 주는 방법이 있다면?

   1) 진리를 발견함 (가르치는 것을 멈추라 / 들으라 / 서로 차이가 나는 의견을 격려하라)

   2) 하나님의 뜻을 분별함 (규칙적으로 격려 / 신로를 구축 / 제한된 인정을 하지 말 것 / 권리를 얻었을 때에만 조언)

   3) 하나님을 아는 것

2. 당신이 피조언자와 의미 있는 관계를 발전시켜 나가려면 어떤 것이 있겠는가?

   1) 만남을 만들라.

   2) 관계를 서서히 세워가라.

   3) 규칙적으로 점검하라.

   4) 관계가 서서히 사라지게 하라.

에필로그

한 사람의 여자와, 두 사람의 남자 ; 한 사람은 프린스턴 신학교, 또 한 사람은 풀러 신학교, 다른 한 사람은 달라스 신학교 ; 한 사람은 목사, 또 한 사람은 교수, 다른 한 사람은 대학 학장인, 이 세 명의 교사와 이야기 했을 때, 나는 그들이 얼마나 많은 공통점을 가지고 있는지를 보고는 놀랐다. 특별히, 그들은 다음과 같은 것들에 초점을 맞추는 데 관심이 있었다.

• 가르치는 것은 교실에서 일어나는 것에만 한정되는 것이 아니다. 교실은 단지 정규적이고, 가장 일반적인 환경일 뿐이다. 하지만 가르침은 예배 속에서, 소그룹에서, 친구 관계 속에서, 그리고 일상적

인 대화 속에서도 또한 일어날 수 있다.

• 그들의 목표는 실제적인 가르치는 기술이나, 감명 깊게 강의할 수 있도록 능력을 갖추어 주는 것이 아니다. 만약 가르침이 삶을 변화시킬 수 없다면, 그들에게 있어서 가르침이란 무의미한 것이다.

• 어떤 식으로든 간에, 그들 모두는 가르침을 "배우게끔 하는 것"으로 표현한다. 가르친다는 것은 단지 기독교의 자료를 전달하는 것이 아니라, 사람들이 그들 스스로 복음의 진리를 발견하도록 돕는 것이다.

간단히 말해서, 그들 모두는 가르침을 기독교의 제자도를 위한 한 가지 수단으로, 아마도 본질적인 수단으로 간주하고 있다. 그리고 그것이 잘 이루어졌을 때, 학생들 내부에서 일어나는 것은, 엠마오 도상에서의 제자들에 비길 수 있을 것이다. 그들은 훌륭한 선생님과 함께한 학기를 보낸 후에, "길에서 우리에게 말씀하시고, 우리에게 성경을 풀어 주실 때에, 우리 속에서 마음이 뜨겁지 아니하더냐?"하며 탄성을 올릴 것이다.

그러한 소동이 당신이 가르치는 기회가 있을 때마다 계속되기를 바란다.

동기를 부여하는 교회교육

2004년 3월 20일 개정초판 발행

지은이 • 하워드 헨드릭스 외 홍저
옮긴이 • 이 상 일
발행인 • 김 수 곤
발행처 • 도서출판 선교횃불
등록일 • 1999년 9월 21일 / 제54호
등록주소 • 서울시 송파구 삼전동 103번지

전화 : 02)2203-2739
팩스 : 02)2203-2738

ISBN 89-89615-50-X 03230

ⓒ도서출판 선교횃불   정가 8,000 원